A salvação do belo

Dados Internacionais de Catalogação na Publicação (CIP)
(Câmara Brasileira do Livro, SP, Brasil)

Han, Byung-Chul
  A salvação do belo / Byung-Chul Han ; tradução de Gabriel Salvi Philipson. – Petrópolis, RJ : Vozes, 2019.
  Título original : Die Errettung des Schönen
  Bibliografia.

  7ª reimpressão, 2024.

  ISBN 978-85-326-6031-2

  1. Beleza 2. Estética 3. Filosofia 4. O belo I. Título.

18-23084   CDD-111.85

Índices para catálogo sistemático:
  1. Estética : Filosofia   111.85

Maria Paula C. Riyuzo – Bibliotecária – CRB-8/7639

**BYUNG-CHUL HAN
A salvação do belo**

Tradução de Gabriel Salvi Philipson

Petrópolis

© S. Fischer Verlag GmbH, Frankfurt am Main, 2015.

Tradução do original em alemão intitulado
Die Errettung des Schönen

Direitos de publicação em língua portuguesa – Brasil:
2019, Editora Vozes Ltda.
Rua Frei Luís, 100
25689-900 Petrópolis, RJ
www.vozes.com.br
Brasil

Todos os direitos reservados. Nenhuma parte desta obra
poderá ser reproduzida ou transmitida por qualquer forma e/ou
quaisquer meios (eletrônico ou mecânico, incluindo fotocópia
e gravação) ou arquivada em qualquer sistema ou banco de
dados sem permissão escrita da editora.

CONSELHO EDITORIAL	**PRODUÇÃO EDITORIAL**
Diretor Volney J. Berkenbrock	Aline L.R. de Barros Jailson Scota Marcelo Telles Mirela de Oliveira
Editores Aline dos Santos Carneiro Edrian Josué Pasini Marilac Loraine Oleniki Welder Lancieri Marchini	Natália França Otaviano M. Cunha Priscilla A.F. Alves Rafael de Oliveira Samuel Rezende Vanessa Luz Verônica M. Guedes
Conselheiros Elói Dionísio Piva Francisco Morás Gilberto Gonçalves Garcia Ludovico Garmus Teobaldo Heidemann	

Secretário executivo
Leonardo A.R.T. dos Santos

Editoração: Maria da Conceição B. de Sousa
Diagramação: Sheilandre Desenv. Gráfico
Revisão gráfica: Alessandra Karl
Projeto de capa: Pierre Fauchau
Adaptação de capa: Editora Vozes

ISBN 978-85-326-6031-2 (Brasil)
ISBN 978-3-10-002431-2 (Alemanha)

Este livro foi composto e impresso pela Editora Vozes Ltda.

Sumário

O liso, 7

O corpo liso, 22

Estética do liso, 27

O belo digital, 38

Estética do velamento, 43

Estética do ferimento, 51

Estética do desastre, 60

O ideal do belo, 69

A beleza como verdade, 76

Política do belo, 85

O teatro pornográfico, 92

Demorar-se no belo, 96

A beleza como reminiscência, 102

Criação no belo, 108

Notas, 115

Einmal,
da hörte ich ihn,
da wusch er die Welt,
ungesehn, nachtlang,
wirklich.

Eins und Unendlich,
vernichtet,
ichten.

Licht war. Rettung.

Uma vez,
eu o ouvi,
lavava o mundo,
invisível, noturno,
real.

Uno e Infindável,
desapareceu,
euou.

Luz nasceu. Salvação*.

Paul Celan

O liso

O liso é a marca do presente. É ele que conecta as esculturas de Jeff Koons, iPhones e a depilação à brasileira, como é conhecida a depilação total na Europa. Por que achamos belo, nos dias de hoje, o liso? Além do efeito estético, nele se reflete um imperativo social universal. Ele corporifica a *sociedade da positividade* atual. O liso não *quebra*. Também não opõe resistência. Ele exige *likes*. O objeto liso extingue seus *contrários*. Toda negatividade é posta de lado.

O smartphone também está inserido na estética do liso. O smartphone *G Flex,* da LG, é revestido até mesmo com uma capa autorregenerativa que faz desaparecer rapidamente qualquer risco, qualquer marca. Seria possível dizer que é inquebrantável. Sua capa artificial mantém o *smartphone* sempre liso.

Além disso, ele ainda é flexível e maleável. É fácil curvá-lo. Por isso, adapta-se perfeitamente ao rosto e às nádegas. Esse caráter adaptável e de ausência de resistência é um traço característico da estética do liso.

O liso não se reduz ao exterior do aparato digital. Também a comunicação dos aparatos digitais opera de modo alisado, suave, pois o que nela se troca são, sobretudo, curtidas, positividades. *Sharing* e *like* representam um meio comunicativo liso, polido. As negatividades são eliminadas por representarem entraves para a comunicação acelerada.

Jeff Koons, provavelmente o artista mais bem-sucedido da atualidade, é um mestre da superfície lisa. Andy Warhol também professava a superfície lisa, bela, mas em sua arte ainda está inscrita a negatividade da morte e do desastre. Sua superfície não é integralmente lisa. A série *Death and Disaster*, por exemplo, vive graças à negatividade. Em Jeff Koons, ao contrário, não há desastre, quebra, marca, risco ou costura. Tudo é arredondado, polido, liso. A arte de Jeff Koons é a da superfície lisa e de seu efeito imediato. Não dá nada a interpretar, a descodificar ou a pensar. É uma arte para dar *like*.

É o próprio Jeff Koons quem diz que o observador de suas obras deveria emitir apenas um simples "uau". Sobre a sua arte não é necessário se fazer nenhum juízo nem interpretação, hermenêutica, reflexão ou pensamento. Ela se mantém, de modo consciente, no campo do infantil, do banal, do imperturbável, relaxante, desarmante e aliviante. Ela está esvaziada, seja de profundidade, seja de superficialidade; isto é, está esvaziada de toda *Tiefsinn*, quer dizer, de pensamento capaz de se aprofundar e de se tornar melancólico. O seu lema é: "abraçar o observador". Nada deve traumatizar, machucar ou assustar. A arte para Jeff Koons não é outra coisa se não "beleza", "alegria" e "comunicação".

Diante de suas esculturas lisas surge uma "coerção tátil" de tocá-las, até mesmo um desejo de chupá-las. Sua arte carece da negatividade que impõe distância. A positividade do liso por si só provoca a coerção tátil. Ela convida o observador a uma falta de distância patológica, ao *touch*. Um juízo *estético* pressupõe, contudo, uma *distância contemplativa*. A arte do liso a suprime.

A coerção tátil ou o desejo de chupar só é possível na arte do liso esvaziada de sentido. Hegel, que sustentava enfaticamente que a arte tem sentido, restringe o sensível da arte, assim, nos "sentidos teóricos da vista e da escuta"[1]. Apenas eles têm acesso ao sentido. O cheiro e o gosto, em contrapartida, ficam excluídos da fruição artística. São, quanto aos sentidos, apenas para o "agradável" que não seja o "belo da arte": "Pois o cheiro, o gosto e a sensação têm a ver com o material enquanto tal e com suas qualidades sensíveis imediatas; o cheiro, com a volatilização material no ar, o gosto, com a dissolução material do objeto, e a sensação com o calor, o frio, o liso etc."[2] O liso media apenas uma sensação agradável com a qual não seria possível conectar sentido ou aprofundamento. Ele se exaure no "uau".

Em *Mitologias*, Roland Barthes aponta para a coerção tátil que o então novo modelo DS da Citroën causava: "Sabe-se que o liso é sempre um atributo da perfeição, porque seu contrário trai a operação técnica e essencialmente humana do ajustamento: a túnica de Cristo não tinha costuras, assim como as aeronaves da ficção científica são de um metal sem emendas. O DS 19 não pretende o *liso absoluto*, ainda que sua forma geral seja muito arredondada; entretanto, são as sobreposições de seus planos que mais interessam ao público: tateia-se furiosamente o encaixe dos vidros, passa-se a mão nas largas canaletas de borracha que ligam o vidro de trás a seus contornos feitos de níquel. Com o DS começa uma nova fenomenologia do ajustamento perfeito, como se passássemos de um mundo de elementos soldados a um mundo de elementos justapostos, que, com toda a certeza, apenas pela virtude da forma maravilhosa, têm a incumbência de introduzir a ideia de uma natureza mais fácil. Quanto à matéria propriamente dita, é certo que ela reafirma um gosto pela leveza, no sentido mágico. [...] Aqui, os vidros não são mais janelas, aberturas furadas na escura lataria, mas grandes espaços de ar e de vazio, tendo a curvatura exibida e a brilhância das bolhas de sabão"[3]. As esculturas sem juntas de Jeff Koons também passam a sensação de serem brilhantes e sem peso, como se fossem bolas de sabão feitas de ar e de vazio. Como o DS sem juntas, transmitem uma sensação de perfeição, de leveza em um sentido mágico. Incorporam uma superfície perfeita, otimizada, sem profundidade ou ausência de profundidade.

Para Roland Barthes, o tato é, "entre todos os sentidos, o que mais desmistifica, ao contrário da visão, o mais mágico de todos"[4]. A visão guarda distância, enquanto o tato a suprime. Sem distância não é possível haver mística. A desmistificação torna tudo fruível e consumível. O tato destrói a negatividade do totalmente outro. Seculariza aquilo que toca. Ao contrário da visão, é incapaz de surpresa ou maravilhamento. Por isso, também a *touchscreen* lisa é um lugar da desmistificação e do consumo total. É ela que produz aquilo que a gente *curte*.

As esculturas de Jeff Koons são, por assim dizer, *lisas como um espelho*, fazendo com que o observador se veja nelas espelhado. Na sua exposição na Fundação Beyeler, comentou sobre seu *Ballon Dog*: "O *Ballon Dog* é mesmo um objeto maravilhoso. Ele quer encorajar o observador em sua existência. Trabalho frequentemente com materiais que refletem, que espelham, pois eles encorajam o público automaticamente em sua autoestima. É claro que em um espaço escuro isso não gera nada. Mas quando a gente fica diretamente na frente do objeto, espelha-se nele e se assegura de si mesmo"[5]. O *Ballon Dog* não é um cavalo de troia. Não *oculta* nada. Não há *interioridade* que se ocultaria atrás da superfície lisa.

Como com o *smartphone*, nas esculturas polidas, de brilho intenso, a gente não se confronta com o *outro*, mas apenas com si mesmo. O lema de sua arte é o seguinte: "O núcleo é sempre o mesmo: aprenda a acreditar em si mesmo e em sua própria história. É isso que quero comunicar ao observador dos meus trabalhos. Ele deve experimentar seu próprio desejo de viver"[6]. A arte abre um espaço ecoante, no qual eu garanto minha existência a mim mesmo. Fica eliminada totalmente a *alteridade* ou a negatividade do *outro* e do *estrangeiro*.

A arte de Jeff Koons apresenta uma dimensão *soteriológica*. Promete uma *redenção*. O mundo do liso é um mundo do culinário, um mundo da pura positividade, no qual não há dor, ferimento nem culpa. A escultura *Balloon Venus*, em posição de parto, é a Maria de Jeff Koons. Mas ela não pare um redentor, nem, de modo maravilhoso, um *homo doloris* do resplendor, mas sim um champanhe, uma garrafa de Dom Pérignon Rosé Vintage 2003 que fica em sua barriga. Jeff Koons se encena como um batista que promete uma redenção. Não por acaso a sequência de imagens do ano 1987 se chama *Baptism*. A arte de Jeff Koons aciona uma *sacralização do liso*. Ele encena uma *religião do liso, do banal*, uma *religião do consumo*. Para tanto, é preciso que toda negatividade seja eliminada.

Segundo Gadamer, a negatividade é essencial para a arte. Ela é sua *ferida*. Ela se opõe à positividade do liso. Nela tem *algo* que me abala, me revolve, me põe em questão, a partir do que surge o apelo *Você tem que mudar sua vida*: "É o fato da existência desse algo particular que constitui o 'mais': que algo assim exista: para falar com Rilke: 'Algo assim existia entre os humanos'. A existência disso, a faticidade, é igualmente uma resistência intransponível contra toda previsão de sentido imaginada. Reconhecer isso é o que nos obriga a obra de arte. 'Não há lugar no qual não te vês. Deves mudar tua vida'. É um choque, um ter se chocado, o que acontece pela particularidade do nosso encontro com cada experiência artística"[7]. A obra de arte pressupõe que algo choque. Ela derruba o observador. Mas o liso tem uma intencionalidade diversa. Ele aninha o observador, arranca-lhe um *like*. Quer apenas ser curtida*, e não derrubar.

Hoje, é o próprio belo que se torna liso, na medida em que lhe é tomada toda negatividade, toda forma de abalo e de agressão. O belo se exaure na *minha curtida*. A estetização se revela como anestesiamento[8]. Ela seda a percepção. Assim, o "uau" de Jeff Koons também é uma reação anestesiada, oposta diametralmente a qualquer experiência negativa do choque, do ficar chocado. Hoje é impossível a *experiência* do belo. Onde penetrou a curtida, o *like*, esmorece-se a *experiência*, impossível sem negatividade.

A comunicação visual lisa ou polida realiza-se como *contaminação* sem qualquer distância estética. A visibilidade exaustiva do objeto também arruína o olhar. Apenas a mudança rítmica de presença e ausência, encobrimento e desencobrimento, mantém o olhar desperto. O erótico também se deve à "encenação de um acender e apagar das luzes"[9] do "movimento oscilatório do imaginário"[10]. A presença pornográfica duradoura do visível aniquila o imaginário. De modo paradoxal, não há *nada a ser visto*.

Hoje, não só o belo, mas também o feio, tem se tornado liso. O feio perde a negatividade do diabólico, do inquietante ou do terrível, tornando-se alisado em formas consumíveis e fruíveis. Falta-lhe totalmente o terror e o horror do olhar provocativo da Medusa, que a tudo petrifica. O feio, de que fizeram uso os artistas e poetas do *fin de siècle*, tinha algo de abismal e demoníaco. A política surrealista do feio era provocativa e emancipatória. Quebrava de modo radical com os modelos de percepção tradicionais.

Bataille percebeu no feio a possibilidade de rompimento de limites e de liberação. Ele oferecia uma porta para a transcendência: "Ninguém duvida da feiura do ato sexual. Assim como a morte no sacrifício, a feiura do acasalamento, a feiura da cópula leva à angústia e ao medo. Mas quanto maior a angústia e o medo [...] mais forte é a consciência de exceder os limites, a qual determina um transporte com alegria"[11]. A essência da sexualidade é, assim, excesso e transgressão. Nisso consiste sua negatividade.

Hoje a indústria do entretenimento explora a feiura, o nojento. Faz com que seja consumível. O nojo é originalmente um "estado de exceção, uma crise aguda da autoafirmação contra uma outridade inassimilável, um espasmo e uma luta, na qual se trata literalmente de ser ou não ser"[12]. O nojento é o não-consumível por excelência. Rosenkranz também reconhece uma dimensão existencial do nojento. É o outro da vida, o outro da forma, é *aquele ser que apodrece* [*Verwesende*]. O cadáver é uma aparição escandalosa, pois ainda tem forma, embora seja *sem forma em si*. Por ainda ter uma forma disponível, mantém uma aparência de vida, embora esteja morto: "o nojento é o lado real [do horrível], a negação da forma bela da aparência pelo informe que surge do apodrecimento físico ou moral. [...] A aparência da vida no morto em si é a adversidade infinita no nojento"[13]. O nojento como a adversidade infinita se priva de qualquer consumo. Falta a negatividade que poderia desencadear em uma crise existencial ao repugnante que hoje é oferecido em *reality shows* de sobrevivência na selva como *Dschungelcamp* ou *Survivor*, entre outros. Foi alisado e polido para consumo.

A depilação brasileira torna o corpo *liso*. É a coerção de higienização atual que ela incorpora. A essência do erótico, para Bataille, era a conspurcação. Assim, a coerção de higienização seria o fim do erótico; o erótico sujo cede à *pornografia limpa*. É justamente a pele depilada o que concede ao corpo uma lisura pornográfica experimentada como pura e limpa. A sociedade de hoje, obcecada, tarada, em limpeza e higiene, é uma sociedade da positividade que sente nojo diante de qualquer forma de negatividade.

A exigência de higienização propaga-se a outros âmbitos. É sobretudo em nome da higiene que se proferem proibições. Robert Pfaller é certeiro ao constatar em seu livro *O sagrado sujo e a razão pura*: "quando se tenta, por características gerais, caracterizar as coisas que nossa cultura tornou impossível, por assim dizer, às escondidas, chama a atenção de pronto que essas coisas dessa própria cultura, sob o sinal da repulsa, geralmente sejam experimentadas como sujas"[14].

À luz da razão higiênica, toda ambivalência e todo mistério são tomados como sujos. A transparência é pura. As coisas ficam transparentes quando inseridas em fluxos lisos de informações e dados. Dados têm algo de pornográfico e obsceno. Eles não têm interioridade, *traseiros*, não têm dois lados, nem são *ambíguos*. É nisso que eles se diferenciam da *linguagem*, a qual não admite uma *focagem* total que dê tudo a ver. Dados e informações ficam à disposição da visibilidade total e tornam tudo visível.

O dataísmo inicia um segundo esclarecimento. A ação que pressupõe a vontade livre pertence aos dogmas do primeiro esclarecimento. O segundo a alisa para a operação, para *o processo de transmissão de dados*, que ocorre sem tal autonomia e dramaturgia do sujeito. As ações se tornam transparentes ao se tornarem operacionais, ao se submeterem ao processo calculável e controlável.

A informação é uma forma pornográfica de sabedoria. Falta-lhe a interioridade que caracteriza a sabedoria. Um negativo também reside no interior da sabedoria, pois não raramente se a *conquista contra uma resistência*. Já a sabedoria tem toda uma outra estrutura. Ela se tenciona entre passado e futuro. A informação habita, ao contrário, o tempo alisado de pontos presentes indiferenciados. Ela é um tempo sem acontecimento ou destino.

O liso é algo que meramente se curte. Falta-lhe a negatividade do *contra*, do *anti*. Não é mais um *anticorpo*. Hoje, a comunicação também tem se tornado lisa, polida. Ela se alisa em uma troca de informação suave, sem atritos: polida. A comunicação lisa está livre da negatividade do outro e do estrangeiro. A comunicação atinge sua velocidade máxima ali onde o igual reage ao igual. A resistência que vem do *outro* gera interferência na comunicação lisa e polida do igual. A positividade do liso, do polido, acelera a circulação de informação, comunicação e capital.

O corpo liso

Nos filmes de hoje em dia, o rosto geralmente aparece em *close-up*, que faz o corpo aparecer como um todo de modo pornográfico. Despe-o da linguagem. É pornográfico esse processo de deslinguajamento [*Entsprachlichung*] do corpo. As partes do corpo tomadas em *close-up* são como órgãos sexuais: "O grande plano de um rosto é tão obsceno quanto o órgão sexual observado de perto. *É um órgão sexual.* Cada imagem, cada forma, cada parte do corpo observada de perto é um órgão sexual"[15].

Para Walter Benjamin, o grande plano – como chamava-se, então, o *close-up* – representa ainda uma práxis *linguística, hermenêutica*. Ele *lê* o corpo. Torna legível a linguagem do inconsciente por trás do espaço saturado com a consciência: "Com o grande plano alarga-se o espaço, com o retardador, o movimento. E se na ampliação não se trata apenas de explicitar aquilo que 'de qualquer modo' não se vê com nitidez, mas antes se põem a descoberto formações estruturais da matéria, totalmente novas. [...] Assim se torna evidente que a natureza que fala à câmara é diferente da que fala aos olhos. Diferente sobretudo porque a um espaço conscientemente explorado pelo homem se substitui um espaço em que ele penetrou inconscientemente. [...] Se é verdade que, genericamente falando, o gesto de pegar num isqueiro ou na colher nos é familiar, já pouco ou nada sabemos do que de fato se passa entre a mão e o metal, para não falar das oscilações que esse processo revela, segundo a disposição com que estamos"[16].

No grande plano do rosto tudo fica desfocado no pano de fundo. Ele leva a uma perda do mundo. A estética do *close-up* reflete uma sociedade que se tornou, ela mesma, uma sociedade do *close-up*. O rosto fica aprisionado em si, torna-se autorreferencial. Não tem mais relação com o *mundo*, ou seja, deixou de ser *expressivo*. A *selfie* é justamente esse rosto vazio, inexpressivo. O caráter viciante da *selfie* indica esse vazio interior do eu. O eu hoje é muito pobre em formas estáveis de expressão com as quais possa se identificar e que lhe confeririam uma identidade fixa. Hoje nada mais dura. Essa indurabilidade está presente também no eu e o desestabiliza, o inquieta. Justamente essa inquietação, esse *medo de si* torna a selfie viciante, levando a um *funcionamento em vazio*, em *looping*, que não é capaz de cessar nunca. Em face do vazio interior, o sujeito-*selfie* procura, em vão, *se produzir*. A *selfie* é o *self em forma vazia*. Ela reproduz o vazio. O caráter viciante da *selfie* não gera um amor-próprio ou vaidade narcísicos, mas um vazio interior. Aqui não há um eu estável, narcísico, que amaria a si mesmo. Ao contrário, aqui temos que ver com um *narcisismo negativo*.

No *close-up*, o rosto é alisado em face. A face não tem nem profundidade nem não é profunda. É uniformemente *lisa*. Falta-lhe interioridade. Face significa fachada (do latim, *facies*). Não é necessária uma profundidade no campo para expor a face como fachada. A profundidade do campo até mesmo prejudicaria a fachada. Por isso, o diafragma fica bem aberto. O diafragma aberto elimina a profundidade, a interioridade, o *olhar*. Torna a face obscena, pornográfica. A intencionalidade da exposição arruína a *retenção* constituinte da interioridade do olhar: "na realidade, ele não contempla nada; ele *retém* em si seu amor e seu medo: não é outra coisa o olhar"[17]. A face que se expõe é *sem olhar*.

O corpo encontra-se hoje em uma crise. Não está despedaçado apenas em partes pornográficas, mas também em registros de dados digitais. A crença na medição e quantificação da vida domina a era digital como um todo. O movimento do *quantified self* também referencia essa crença. O corpo é equipado com sensores digitais que captam todos os seus dados. O *quantified self* transforma o corpo em uma tela de controle e vigilância. Dados são reunidos para serem colocados e trocados na internet. O dataísmo dissolve o corpo em dados, tornando-o *compatível aos dados*. Por outro lado, é desmontado em objetos parciais semelhantes a órgãos sexuais. O *corpo transparente* não é mais uma cena *narrativa* do imaginário.

Ao contrário, é uma adição de dados ou objetos parciais.

A conexão digital *co*-necta os corpos em redes. O carro sem motorista não é outra coisa do que um terminal móvel de informações no qual eu simplesmente me *plugo*. Desse modo, dirigir é um processo puramente operacional. A velocidade é totalmente desacoplada do imaginário. O automóvel não é mais um corpo prolongado preenchido pelos fantasmas do poder, da posse e da apropriação. O carro sem motorista não é um falo. Um falo no qual eu simplesmente me acoplo é uma contradição. Já o *carsharing* desencanta, dessacraliza o carro. E também desencanta o corpo. Para o falo não vale o princípio da partilha, pois é justamente o símbolo por excelência de posse, propriedade e poder. As categorias da economia da partilha como conexão e acesso destroem o fantasma do poder e da apropriação. No carro sem motorista, não sou um ator, nem demiurgo ou dramaturgo, mas mera *interface* na rede de comunicação global.

Estética do liso

A estética do liso é um fenômeno genuinamente contemporâneo. É só na estética do contemporâneo que o belo e o sublime ficam arruinados. O belo é isolado em sua pura positividade. O sujeito fortalecido da contemporaneidade positiva o belo em um objeto de curtida. O belo se torna, com isso, o oposto do sublime, que, graças à sua negatividade, não provoca nenhuma complacência. A negatividade do sublime, que lhe diferencia do belo, é novamente positivada no momento em que é reconduzida para a razão humana. Não é mais o *externo*, o *totalmente outro*, mas uma forma de expressão *interior* do sujeito.

Em Pseudo-Longino, o escritor de *Sobre o sublime* (*peri hypsous*), o belo e o sublime ainda não são distintos. Assim, também pertence ao belo a negatividade do deslumbrante. O belo excede a complacência. Mulheres bonitas são, segundo Pseudo-Longino, "dores dos olhos". Elas são, portanto, *dolorosamente belas*. Belezas vibrantes, sublimes não são uma contradição. A negatividade da dor aprofunda a beleza. Aqui o belo está bem distante de ser liso.

Em Platão, o belo também não é diferenciado do sublime. O belo é justamente o que não pode ser excedido em sua sublimidade. Nele reside a negatividade característica do sublime. Ver o belo não provoca complacência, mas comoção. No fim do caminho nivelado do belo, o iniciado divisa "de repente" o "maravilhosamente belo" (*thaumaston kalon*)[18], o "divinamente belo" (*theion kalon*)[19]. O observador fica fora de controle, espantado, assustado (*ekplettontai*). Uma "loucura"[20] o encompassa. A metafísica do belo de Platão contrasta massivamente com a estética contemporânea do belo como estética da complacência que confirma o sujeito em sua autonomia e autopresunção, ao invés de impactá-lo.

A estética contemporânea do belo começa, por conseguinte, com a *estética do liso*. É belo para Edmund Burke sobretudo o que é *liso*. Os corpos que dão o prazer ao tato não deveriam opor *resistência*. Devem ser lisos. O liso é, portanto, uma superfície *otimizada sem negatividade*. Provoca uma sensação completamente sem dor e resistência: "se é evidente que o *liso* é a principal causa de prazer do tato, do gosto, do cheiro e da escuta, então também é preciso reconhecê-lo como a base fundamental da beleza visual – especialmente após termos mostrado que essa qualidade pode ser encontrada quase sem exceção em todos os corpos que são tidos por unanimidade como belos. Não pode haver dúvidas de que corpos ásperos e oblíquos irritam e perturbam os órgãos do sentido, na medida em que causam uma sensação de dor que consiste em uma forte tensão ou contração das fibras musculares"[21].

A negatividade da dor minora a sensação do belo. Mesmo a "robustez" e a "força" a diminuem. Belo são características como "ternura" e "gracilidade". O corpo é "gracioso" quando consiste de "partes lisas" que "não apresentam qualquer aspereza ou que confundam os olhos"[22]. O corpo belo que desperta o amor e a satisfação não pode sugerir resistência. A boca um pouco aberta, a respiração lenta, o corpo todo calmo e as mãos pendendo displicentemente para o lado. E tudo isso vem, diz Burke, "acompanhado de sentimentos interiores de comoção e languidez"[23].

Burke eleva o liso a traço essencial do belo. São belas, assim, folhas lisas em árvores e folhagens, a plumagem lisa das aves ou a pelagem dos animais. É sobretudo a pele lisa o que torna as mulheres belas. Qualquer aspereza rompe com a beleza: "pois se se toma um objeto belo qualquer e faz sua superfície ficar rugosa e quebradiça, ele não fará mais parte do nosso gosto. Por outro lado, se se privar um objeto de todos os outros princípios da beleza, quais forem: se ele mantiver apenas essa qualidade (o liso), então iremos gostar dele ainda mais do que qualquer outro objeto que não a detenha"[24].

Até mesmo o ângulo agudo é nocivo ao belo: "pois, de fato, qualquer aspereza, qualquer relevo abrupto, qualquer ângulo agudo contradizem no mais alto grau a ideia do belo"[25]. Uma mudança da forma, uma variação qualquer até poderia ser benéfica para o belo, mas não pode ocorrer de modo abrupto ou repentino. O belo admite apenas uma mudança suave da forma: "Tais figuras [angulosas], é verdade, modificam-se fortemente; mas elas se modificam de maneira rápida e abrupta; e eu não conheço nenhum objeto natural que seria ao mesmo tempo angulado e belo"[26].

O que concerne ao gosto corresponde à doçura do liso: "Encontramos no cheiro e no gosto que todas as coisas que são agradáveis a estes sentidos e chamadas em geral de doces têm também uma natureza lisa [...]"[27]. O liso e o doce são da mesma origem. São aparências de uma positividade pura. Eles se esgotam em uma mera curtida.

Edmund Burke libera o belo de toda negatividade. Deve haver um "prazer [todo] positivo"[28]. No sublime reside, ao contrário, uma negatividade. O belo é pequeno e gracioso, claro e delicado. Ser liso, uniforme e plano é o que o caracteriza. O sublime é grande, maciço, sombrio, bruto e grosso. Provoca dor e horror. Mas, assim sendo, é saudável, ao movimentar veementemente o ânimo, enquanto o belo o faz adormecer. Burke transforma a negatividade da dor e do horror perante o sublime novamente em positividade. Ela fica pura e animadora. Desse modo, o sublime fica todo a serviço do sujeito. Perde, por conseguinte, sua *outridade* e *estranheza*. É absorvido por completo pelo sujeito: "Se, em todos esses casos, a dor e o horror são tão moderados que não ferem de modo imediato; se a dor não atinge a intensidade autêntica e o terror não tem perante os olhos o declínio imediato da pessoa, então essas sensações – já que eles limbam certas partes de nosso corpo (sutil ou brutamente) de perturbações perigosas e árduas – são capazes de produzir um ser feliz: não prazer, mas um tipo de horror alegre, um tipo de tranquilidade com um sabor de horror"[29].

Kant isola, como Burke, o belo em sua positividade. Ele provoca uma complacência positiva. Mas vai além do gosto culinário, já que Kant o inscreve no processo de conhecimento. Tomam parte na produção de conhecimento tanto a imaginação quanto o entendimento. A imaginação é a força de reunir, em uma *imagem* unificada, os diversos dados dos

32

sentidos gerados pela visão. O entendimento opera em um nível abstrato superior. Ele unifica as imagens, fazendo delas *conceito*. Perante o belo, as faculdades do conhecimento, ou seja, a imaginação e o entendimento, encontram-se em um *jogo* livre, em uma interação lúdica harmônica. Pela visão do belo, as faculdades do conhecimento *jogam*. Elas ainda não *trabalham* na produção do conhecimento. Diante do belo, as faculdades do conhecimento encontram-se, portanto, em um modo lúdico. O jogo livre não é, certamente, totalmente livre, não é livre em relação à meta, pois é o *prelúdio lúdico* do conhecimento como *trabalho*. Mas, ainda assim, *jogam*. A beleza pressupõe o *jogo*. Ela tem lugar antes do *trabalho*.

O sujeito curte o belo, pois estimula a interação lúdica harmônica das faculdades do entendimento. A sensação do belo não é outra coisa do que o "desejo de harmonia das possibilidades de conhecimento", na harmônica "atmosfera das faculdades do conhecimento" que é essencial para o *trabalho* do conhecimento. O jogo fica, no fim das contas, subordinado ao trabalho, ao "negócio", em Kant. O próprio belo até produz conhecimento, mas *diverte* a engrenagem do conhecimento. O sujeito curte *a si mesmo* perante o belo. O belo é um sentimento autoerótico. Não é um sentimento do objeto, mas do sujeito. O belo não é o *outro*, pelo qual o sujeito foi provocado. A complacência no belo é a complacência do sujeito em si mesmo. Em sua teoria estética, Adorno ressalta justamente essa via autoerótica da estética kantiana do belo: "este princípio formal, obedecendo às legalidades subjetivas sem considerar seu outro, mantém sua complacência sem ser abalado por este outro: a subjetividade desfruta aí, inconscientemente de si mesma, o sentimento de sua dominação"[30].

Ao contrário do belo, o sublime não produz uma complacência imediata. A primeira sensação perante o sublime é, como em Burke, a dor e o desprazer. É perigoso demais, grande demais, para a imaginação. Ela não consegue contê-la, sintetizá-la em uma imagem. Então o sujeito fica abalado e arrebatado. Nisso consiste a negatividade do sublime. Ao se observar fenômenos naturais perigosos, o sujeito se sente primariamente impotente. Mas se toma coragem, por força de "um tipo bem diferente de autopreservação". Socorre-se na interioridade da razão, já que, diante de suas ideias de infinito, "tudo na natureza [é] pequeno".

Mesmo os fenômenos perigosos da natureza não causam qualquer impacto no sujeito. A razão está acima disso, sublimada. O medo da morte, a "suspensão das forças vitais" diante do sublime, dura apenas um átimo. O recuo na interioridade da razão, em suas ideias, faz voltar novamente a sensação do desejo: "Assim, a vastidão de um oceano revolto em tempestades não pode ser chamada de sublime. Sua vista é atroz; e deve-se logo encher o ânimo com diversas ideias, caso deva, por intuição, se conformar a um sentimento ele mesmo sublime, enquanto o ânimo abandona a sensualidade, e passa a se ocupar, para se estimular, com ideias que contenham utilidades maiores"[31].

Perante o sublime, o sujeito sente-se *sublime*, acima da natureza, pois é sublime propriamente a ideia de infinitude que reside na razão. Essa sublimidade é projetada de maneira falsa ao objeto, nesse caso à natureza. Kant chama esse equívoco de "sub-repção". O sublime não tem, assim como o belo, sentimento do objeto, mas do sujeito, é um sentimento de si autoerótico.

A complacência, no sublime, é "negativa", enquanto "a do belo é positiva". É por isso que curtir, no belo, é positivo, pois se curte o sujeito de modo imediato. Quanto ao sublime, o sujeito sente primeiro um desprazer. O que explica que a complacência no sublime seja negativa. A negatividade do sublime não consiste em que o sujeito se confronte com o *outro de si mesmo* perante o sublime, mas que *se arranque de si mesmo* pelo *outro*, que vai para *fora de si*. No sublime também não reside negatividade que frustrasse a autoerótica do sujeito. Nem diante do belo, nem do sublime, o sujeito vai para *fora de si*. Fica permanentemente *em si mesmo*. O totalmente outro que se subtrairia do sublime seria, para Kant, horrível, monstruoso ou abissal. Seria um desastre que não encontraria lugar na estética kantiana.

Nem o belo nem o sublime constituem o *outro* do sujeito. São, ao contrário, absorvidos pela interioridade do sujeito. Uma *outra beleza*, uma *beleza do outro* teria que ser recuperada, caso novamente se conceda um espaço a ela *para além da subjetividade autoerótica*. Não ajuda, contudo, a tentativa de colocar o belo sob suspeita geral como germe da cultura do consumo, nem jogar o sublime – uma mania pós-moderna – contra o belo[32]. O belo e o sublime têm a mesma origem. Ao invés de se oporem, é válido restituir ao belo a sublimidade *dessubjetivante*, que não interioriza, desfazendo, novamente, a separação entre belo e sublime.

O belo digital

O sujeito de Kant não sai de si mesmo. Não se perde nunca, nunca vai além de si mesmo. Uma interioridade autoerótica o protege de cair no outro ou para fora. Nada o abala. Adorno tem em vista um outro espírito, um que se torna consciente, diante da sublimidade da natureza, do *totalmente outro* de si mesmo. Ela arranca o sujeito de seu aprisionamento em si mesmo: "o espírito se conscientiza de sua própria superioridade pela natureza, como Kant gostaria, menos do que pela sua própria porção de natureza. Esse momento faz o sujeito diante do sublime chorar. Rememorações da natureza rompem a resistência de sua autoposição: 'As lágrimas jorram, a terra me tem novamente!' Nisso o eu, espiritual, sai do aprisionamento em si mesmo"[33]. As lágrimas rompem o "encanto que o sujeito coloca na natureza"[34]. Chorando, sai de si mesmo. A experiência estética genuína, para Adorno, não é a complacência na qual o sujeito se reconhece, mas o abalo ou o tornar interior sua própria finitude: "o abalo, que se opõe abruptamente ao conceito de vivência comum, não é uma libertação particular do eu, não é parecido com o desejo. É mais um momento da liquidação do eu que se interioriza, abalado, conscientizando-se de seu próprio aprisionamento e finitude"[35].

O "belo natural" não é algo que a gente curte de modo imediato. Não designa uma paisagem bela: "a expressão 'que belo' em relação a uma paisagem viola sua linguagem silenciosa e minora sua beleza; a natureza que aparece quer o silêncio [...]. Quanto mais intensivamente se contempla a natureza, tanto menos se interiorizará e se conscientizará de sua beleza, exceto se ela espontaneamente já fora concedida a alguém"[36]. O belo natural se abre em uma percepção *cega, inconsciente*. "Como cifra do que ainda não existe"[37], ele designa o que "aparece como mais do que o que existe literalmente no seu lugar"[38]. Adorno fala da "vergonha perante o belo natural" que levaria a "prejudicar o ainda-não-ente ao apreendê-lo no ente"[39]. A dignidade da natureza é "de um ainda-não-ente que se recusa através da sua expressão a humanização intencional". Ela concede a cada uso uma recusa. Assim, o belo natural exime-se totalmente do consumo e da "comunicação" que leva apenas à "adaptação do espírito ao útil, mediante a qual ele se integra nas mercadorias"[40].

A mera complacência, que sempre tem algo de autoerótico, permanece fechada para o belo natural. Somente a *dor* o acessa. Ele *rasga* o sujeito de sua interioridade autoerótica. A dor é o *rasgo* pelo qual se anuncia o *todo outro*: "a dor perante o belo, em nenhum lado mais viva do que na experiência da natureza, é igualmente nostalgia do que ele promete"[41]. A nostalgia do belo natural é, no limite, a nostalgia de um outro estado de ser, de uma forma de vida toda outra, sem violência.

O belo natural é o oposto do *belo digital*. No belo digital, a negatividade do *outro* foi totalmente anulada. Por isso ele é todo *liso*. Não pode ter *rasgo*. Seu signo é a complacência sem negatividade, a *curtida*. O belo digital forma um *espaço liso do mesmo* que não admite estranheza, nem *alteridade*. O puro *interior* sem exterioridade é seu modo de aparência. Torna até mesmo a natureza em uma *janela* de si mesmo. Graças à digitalização total do ser, alcançou-se uma humanização total, uma *subjetividade absoluta*, na qual o sujeito humano se depara apenas consigo mesmo.

A temporalidade do belo natural é o *já do ainda-não*. Aparece no horizonte utópico do *que está por vir*. A temporalidade do belo digital, em contrapartida, é o presente imediato sem *futuro*, mas também sem *história*. *Simplesmente está presente*. No belo natural reside uma *distância*. "Oculta-se no momento de sua proximidade mais próxima"[42]. Sua *distância aurática* priva do consumo: "indeterminado, antiesteticamente para as determinações, o belo natural é indeterminável, nisso aparentado com a música [...] Como na música, também na natureza resplandece o que é belo para, logo em seguida, desaparecer diante da tentativa de ser coisificado"[43]. O belo natural não é oposto do belo artístico. Ao contrário, a arte imita o "belo natural em si", o "indizível da linguagem

41

da natureza"[44]. Desse modo o salva. O belo artístico é a cópia do silêncio, unicamente a partir do qual fala a natureza"[45].

O belo natural se mostra como "vestígio do não-idêntico nas coisas, sob sortilégio da identidade universal"[46]. O belo digital bane a negatividade do não-idêntico. Permite apenas *diferenças* consumíveis, úteis. A *alteridade* dá lugar à diversidade. O mundo digital é um mundo que os humanos distenderam, por assim dizer, com sua própria pele-rede, com sua própria retina [*Netzhaut*]*. Esse mundo humano *co-nectado* em rede leva a um autoespelhamento permanente. Quanto mais densa se tece a rede, mais profundamente se instaura uma tela entre o mundo e o outro, o fora. A retina digital, essa pele conectada digital, transforma o mundo em uma imagem na tela e em uma tela de controle. Nesse espaço visual autoerótico, nessa *interioridade digital*, não é possível surpresa ou maravilhamento. Curtindo, os humanos se encontram apenas ainda em si mesmos.

Estética do velamento

O belo é algo oculto. Para a beleza, o encobrimento é essencial. A transparência não se dá com a beleza. A *beleza transparente* é um oxímoro. A beleza é necessariamente uma *aparência*. Nela reside uma *opacidade*. *Opaco* quer dizer sombreado. A revelação desencanta e o destrói. Assim, o belo é *indesvelável* segundo sua essência.

A pornografia como nudez sem segredos e sem roupas é a figura oposta do belo. Seu lugar ideal é a vitrine: "Nada é mais homogêneo do que uma fotografia pornográfica. É sempre ingênua, intencional e sem cálculo. Como uma vitrine, em que se expõe uma única pérola, iluminada, ela absorve-se completamente na exposição de apenas uma coisa: o sexo; nunca haveria um segundo motivo impróprio, semi-escondido, um pouco atrasado ou quase despistado"[47]. Esconder, atrasar e despistar são estratégias espaço-temporais do belo. O cálculo do semiescondido produz um brilho provocante. O belo *hesita* com o aparecimento. A distração o protege do contato direto. Ela é essencial para o erótico. A pornografia é sem qualquer distração. Vai direto às coisas. A distração transforma a pornografia em uma fotografia erótica: "uma contraprova: Mapplethorpe transformou de pornográfico em erótico seus primeiros planos de genitais ao fotografar o tecido das roupas íntimas de tão perto que a foto não é mais uniforme, já que passo a me interessar pela estrutura do tecido"[48]. O fotógrafo despista o olhar do que propriamente *interessa*. Faz algo lateral se tornar principal, ou ao menos subordina um ao outro. O belo também se encontra nas *proximidades*, nas *margens*. Não existe algo que *interessa* e que seja *belo*.

A poesia de Goethe dá atenção, diz Benjamin, "ao espaço interior na luz velada que se refrata em vitrais coloridos". O invólucro motiva sempre e sempre Goethe "quando lutava pela percepção da beleza"[49]. Benjamin cita, assim, o *Fausto* de Goethe: "Agarra-te ao que ainda te sobrou! / Não vás largar do traje. Já demônios / estiram sôfregos as pontas para / Levá-lo ao mundo inferior. A ele atêm-te, firme! / Já não é a deusa que perdeste, / Mas é divino" [versos 9.945-9.950]. Divino é o traje. O velamento, o invólucro, é essencial para a beleza. A beleza, assim, não se despe ou se desvela de seu invólucro. A indesvelabilidade é sua essência.

Belo é o objeto em seu invólucro, em seu velamento, em seu esconderijo. O objeto belo permanece mesmo apenas sob o velamento do invólucro. Uma vez desvelado, torna-se "infinitamente inaparente". Ser-belo é fundamentalmente ser-velado. Benjamin exige, assim, uma *hermenêutica do velamento* aos críticos de arte: "A tarefa da crítica de arte não é tirar o envoltório, mas antes elevar-se à verdadeira contemplação do belo através de seu conhecimento mais exato enquanto invólucro. Elevar-se à contemplação, que jamais se abrirá à chamada empatia e só de modo imperfeito a uma observação mais pura do ingênuo: à contemplação do belo enquanto segredo. Jamais uma obra de arte foi apreendida, exceto quando se apresentou de maneira incontornável como segredo. Pois de outro modo não é possível caracterizar aquele objeto para o qual o envoltório, em última instância, é essencial"[50]. A beleza não comunica nem empatia nem observação ingênua. Ambos processos procuram retirar o invólucro ou ao menos olhar através dele. Para a contemplação do belo como segredo chega-se apenas através do *conhecimento do invólucro como tal*. Deve-se sobretudo dedicar-se ao invólucro para perceber o velado. O invólucro é mais essencial do que o objeto velado.

O velamento também erotiza o texto. Deus escurece, diz Agostinho, a Sagrada Escritura de propósito com metáforas, com o "manto figurativo"[51] para torná-la objeto da cobiça. A *vestimenta bela* como metáfora erotiza a escrita. A *vestimenta* é, portanto, essencial para a escrita, para o belo. A técnica do velamento torna a hermenêutica um erotismo.

Ela maximaliza o *desejo pelo texto* e torna a leitura um ato de amor.

A Torá se utiliza também da técnica do velamento. É apresentada como uma amante que se oculta, revelando seu rosto apenas por um momento ao amante ele mesmo oculto. A leitura se torna uma aventura erótica: "Naturalmente, a Torá permite que uma palavra vá para fora de seu relicário, ela aparece por um momento e logo em seguida se oculta. E ela se manifesta de seu relicário e imediatamente se oculta novamente apenas para aqueles que a reconhecem e que estão familiarizados com ela. Pois a Torá é como uma formosa e bela amante que se esconde em uma câmara oculta de seu palácio. Ela tem um único amante, desconhecido de todos, e que permanece oculto. Pelo seu amor por ela, esse amante roda e roda em torno da porta de sua casa, com os olhos vagueando para todos os lados [em sua busca por ela]. Ela sabe que o amante fica constantemente circulando a porta da sua casa. O que ela faz? Ela abre uma pequena fenda na câmara oculta em que ela está, desvelando por um momento seu rosto ao amante, e imediatamente em seguida volta a ocultá-lo"[52]. A Torá é "evidente e velada". Ela fala "por um fino véu de palavras alegóricas"[53]. Seu amado conta dela a partir de "todos seus segredos ocultos e todos os seus caminhos secretos que estão em seu coração desde os dias primevos"[54].

As informações necessariamente não podem se ocultar. Elas são transparentes segundo sua essência. Elas simplesmente devem estar presentes. Desse modo, repelem a metáfora, a vestimenta ocultadora. Falam *diretamente*. Nisso, diferenciam-se também do *conhecimento* que pode se retrair em mistério. Informações seguem um princípio bem diferente. Elas se orientam pela revelação, pela última verdade. Segundo sua essência, são pornográficas.

O ocultamento pertence, para Barthes, essencialmente ao erótico. A "posição erótica" do corpo é a do "entreaberto da roupa", o lugar da pele que "reluz entre duas peças de roupa (calça e blusa), entre dois lados (a camisa semiaberta, a luva ou a manga)"[55]. É erótica a "encenação de um surgir e imergir"[56]. Rasgo, quebra, brecha constituem o erótico. O desejo erótico no texto se diferencia do "desejo do *striptease* corporal", originado de uma *revelação progressiva*. É pornográfico também um romance claro e compreensível que busca por uma *verdade final*: "toda a excitação se refugia na esperança de ver o sexo (sonho de colegial) ou de conhecer o fim da história (satisfação romanesca)"[57]. O erótico se sustenta *sem verdade*. Ele é uma *aparência*, um *fenômeno do véu*.

A sedução joga "com a suspeita de que permanecerá mistério eterno ao outro em si mesmo, com que eu nunca irei saber dele e que, apesar de tudo, eu vestirei sob o selo do mistério"[58]. Nela reside um "*pathos da distância*", um *pathos da ocultação*[59]. Já a intimidade do amor reduz a distância secreta que é essencial para a sedução. O pornô, por fim, a leva a desaparecer por completo: "Quanto mais se avançar de uma forma a outra – da sedução ao amor, do desejo à sexualidade e finalmente no pornô puro e simples, mais acentuadamente se estará tomando a direção de um mistério, de um enigma, cada vez menores, seguindo na direção da confissão, da expressão, da revelação [...]"[60]. Não apenas o corpo fica nu, mas também a alma. A pornografia da alma é o fim definitivo da sedução que é mais jogo do que *verdade*.

Estética do ferimento

Roland Barthes tem em vista uma *erótica do ferimento*: "não tenho pele (a não ser para as carícias). Parodiando o Sócrates do *Fedro*, é o Despelado, e não o Emplumado, que se deveria dizer ao se falar do amor"[61]. O erotismo da despelacidade baseia-se em uma passividade radical. A exposição do despelado vai além até mesmo do desnudado. Ela significa *dor e ferimento*: "DESPELADO. Sensibilidade especial do sujeito apaixonado, que o torna vulnerável, à mercê das mais leves feridas".

A sociedade da positividade atual cada vez mais diminui a negatividade. Isso também é válido para o amor. Qualquer uso maior de algo que gerasse um ferimento é evitado. Energias libidinosas são espalhadas como investimentos de capital sobre vários objetos para evitar o prejuízo total. A percepção também evita cada vez mais a negatividade. É o *like* que a domina. A *visão* em sentido enfático, contudo, é sempre *visão do outro*, ou seja, *experimentar*. Não se pode ver o outro sem se expor a um ferimento. A vista pressupõe a vulnerabilidade. Senão repetiria o igual. Sensibilidade é vulnerabilidade. O ferimento é, seria possível dizer, o *momento da verdade da vista*. Sem ferimento não há *verdade* nem percepção *verdadeira*. Não há verdade no *inferno do igual*.

Nos *Cadernos de Malte Laurids Brigge*, Rilke descreve a *vista* como ferimento. A vista expõe-se totalmente ao que penetra na zona desconhecida do meu eu. Aprender a ver é, portanto, uma coisa totalmente diversa de um procedimento ativo, consciente. É, ao contrário, um *deixar-acontecer* ou *se expor a um acontecer*: "Eu aprendo a ver. Não sei onde fica, tudo entra fundo em mim e não fica no lugar em que antes estava. Tenho um interior que não sabia que eu tinha. Tudo vai pra lá agora. Eu não sei o que acontece por lá".

À *experiência* pertence necessariamente a negatividade do ser-impactado e tomado, ou seja, a negatividade do ferimento. A experiência se parece com uma travessia na qual se deve expor a um perigo: "Ele, o ouriço, se faz cego. [...] Quando cheira o perigo na estrada, se expõe ao acidente [...]. Não há poema sem acidente, não há poema que não se abra como uma ferida; não há poema, contudo, que por sua vez também não fira"[62]. Sem ferimento não há nem poesia nem arte. O pensamento também se inflama na negatividade do ferimento. Sem dor e ferimento, o igual, habitual, conhecido é o que continua: "a experiência [...] é, em sua essência, a dor na qual o essencialmente ser-outro do ente se revela perante o habitual"[63].

A teoria da fotografia de Barthes também desenvolve uma estética do ferimento. Barthes diferencia dois elementos da fotografia. O primeiro ele chama o *studium*. Vigora no campo extenso de informações para estudo, no "campo dos desejos despreocupados, do interesse sem objetivo, da inclinação inconsequente: *curto/não curto, I like/I don't*"[64]. O observador imerge, navega de modo divertido no campo do *studium*. Ele se revela na fotografia como um deleite para os olhos. O *studium* pertence à categoria do "*to like*", do *curtir*, e não do "*to love*". Ao "*to like*" falta a intensidade, o choque.

A fotografia é codificada culturalmente[65]. O *studium* segue esse código com mais ou menos prazer, o qual, contudo, "nunca é meu desejo ou minha dor"[66]. Não suscita paixão, entusiasmo, amor. O *studium* põe em movimento apenas um "meio desejo, uma meia vontade". É guiado por um "interesse vago, superficial, irresponsável".

O segundo elemento da fotografia é o *punctum*. Ele fere, lesa, impacta o observador: "dessa vez não sou quem está procurando (enquanto no campo do *studium* equipo com minha consciência soberana), mas o elemento se sobressai como uma flecha de seu contexto para me perfurar". O *punctum* apreende subitamente toda minha atenção. A leitura do *punctum* é "ao mesmo tempo curta e ativa, agacha-se como um predador antes do salto"[67]. O *punctum* se anuncia como um olhar, como um olhar de um predador que me observa, que põe em questão a soberania de meus olhos. Perfura a fotografia como *deleite para os olhos*.

O *punctum* marca uma *fenda no olhar*, um "campo cego". A fotografia em que reside um *punctum* é também um *esconderijo*. Nisso consiste seu erotismo, sua capacidade de seduzir: "A presença (a dinâmica) desse campo cego é, acredito, que a foto erótica se diferencia da pornográfica. [...] na imagem pornográfica, não encontro um *punctum*, no máximo me divirto (para logo em seguida se instalar o tédio)"[68]. A fotografia erótica é uma imagem "perturbada, rachada"[69]. A imagem pornográfica não apresenta, por sua vez, seja rupturas, seja fissuras. É *lisa*. Hoje, todas as imagens são, algumas mais, outras menos, pornográficas. São transparentes. Não exibem uma fenda no olhar. Não têm esconderijo.

Uma intransparência fundamental é outro aspecto do *punctum*. Ele se furta de qualquer nomeação e designação. Não se deixa pegar nem por uma informação nem em um saber: "o que posso nomear não é capaz de me corromper de modo autêntico. A incapacidade de nomear algo é um sinal seguro para a inquietação interior"[70]. O *punctum* me procura ali, onde eu me sou desconhecido. Nisso consiste seu caráter *inquietante*: "o efeito está aí, sem ser localizável, não encontra nem seu sinal nem seu nome; é penetrante e está atracado, não obstante, em uma zona indeterminada de meu eu [...]"[71].

Às fotografias homogêneas falta o *punctum*. São apenas objetos do *studium*. Apesar de sua negatividade dada pelo ferimento, o *punctum* se diferencia do choque: "fotos de reportagens são, com frequência, fotografias uniformes (a foto uniforme não é incondicionalmente pacífica). Nessas imagens, não há *punctum*: apenas o choque – que literalmente pode traumatizar –, nada de comoção: a foto pode ser 'gritante', mas não ferir"[72]. Ao contrário do choque, o *punctum* não *grita*. Ama o silêncio, vigia o segredo. Apesar de sua quietude, se manifesta como ferimento. Quando todos os significados, propósitos, opiniões, avaliações, juízos, encenações, poses, gestos, codificações, informações, deixam de existir, o *punctum* se revela como *resto silencioso, cantante, comovente*. O *punctum* é o resto que faz resistência, que fica atrás da *representação*, o imediato, que se retira da mediação pelo sentido e pela significação, o corporal, o material, o afetivo, o inconsciente, o *real* que se opõe ao *simbólico*.

As imagens cinematográficas não possuem, devido à sua temporalidade, *punctum*: "diante da tela não posso tomar a liberdade de fechar os olhos, pois, do contrário, quando voltar a abri-los, não encontraria novamente a mesma imagem; fico constantemente forçado à voracidade; uma quantidade de outras características estão em jogo, mas não a *reflexão*; por isso meu interesse pelo fotograma"[73]. O consumo voraz das imagens torna impossível fechar os olhos. O *punctum* pressupõe um *ascetismo da vista*. Nele reside algo de musical. Essa música soa apenas quando se fecha os olhos, no "esforço pelo silêncio"[74]. O silêncio libera a imagem do "blablablá habitual" da comunicação. Fechar os olhos significa "levar à linguagem a imagem em silêncio"[75]. Desse modo, Barthes cita Kafka: "fotografa-se as coisas para afastá-las do sentido. Minhas histórias são uma espécie de fechar os olhos"[76]. A percepção imediata se despoja do *punctum*. Amadurece demoradamente no espaço da imaginação que se desenrola no fechar dos olhos. Nela têm lugar as correspondências secretas das coisas. A linguagem do *punctum* é um *protocolo onírico da imaginação*.

É na aceleração que se totaliza a *presença* imediata. Ela reprime toda latência. Tudo tem que estar à mão imediatamente. O *punctum* não se revela imediatamente, mas posteriormente no se-lembrar: "não é, portanto, de se espantar que o *punctum* às vezes, apesar de sua clareza, se revele apenas em retrospectiva quando não tenho mais a foto perante os olhos e penso nela de novo. Pode acontecer de eu conhecer melhor uma foto que eu me lembro do que uma que esteja vendo neste instante [...]. Teria então que conceber que se poderia encontrar os vestígios do *punctum*, tão imediata e incisivamente quanto possa ser também, a partir de uma certa latência (nunca, contudo, com ajuda de qualquer busca precisa)"[77].

A percepção de imagens digitais se realiza como contágio, como afecção, como contato imediato entre imagem e olhos. Nisso consiste sua obscenidade. Falta-lhe a distância *estética*. A percepção como contágio não deixa os *olhos fecharem*. O par conceitual *studium/punctum* de Barthes deve ser expandido para o *affectum*. O contato imediato entre imagem e olhos permite apenas ainda o *affectum*. O meio digital é um *meio de afeto*. Afetos são mais rápidos do que sentimentos ou discursos. Eles aceleram a comunicação. O *affectum* não conhece a paciência do *studium* nem a receptividade do *punctum*. Falta-lhe o silêncio eloquente, a quietude que *fala,* característica do *punctum*. O *affectum grita* e *excita*. Produz apenas exaltação e estímulo sem palavras que provocam uma curtida imediata.

Estética do desastre

Na *Crítica da razão prática* de Kant encontra-se a famosa sentença que posteriormente foi gravada em seu túmulo: "Duas coisas enchem o ânimo com renovada e crescente admiração e respeito, tanto maior a frequência e a aplicação com que delas se ocupa a reflexão: o céu estrelado sobre mim e a lei moral em mim"[78]. A lei moral reside na razão. O céu estrelado também não representa algo externo, fora do sujeito. Ele se estica na *interioridade da razão*. *Desastre* significa literalmente *sem estrelas* (do latim, *des-astrum*). No céu estrelado de Kant não emerge nenhum *des-astros*.

Kant não conhece o desastre. Mesmo os fenômenos naturais não representam acontecimentos desastrosos. Quanto à violência natural, o sujeito se salva na *interioridade* da razão que faz tudo no *exterior* parecer pequeno. Kant se imune permanentemente contra o *externo* que se priva da interioridade autoerótica do sujeito. Tudo deve ser expulso do interior do sujeito, assim dispõe o imperativo categórico de seu pensamento.

A tarefa da arte consiste, segundo Hegel, "que ela transforma aos olhos qualquer figura em todos os pontos de sua superfície visível", "olhos nos quais se dá a conhecer a alma livre em sua infinitude interior"[79]. A obra de arte ideal é um Argos de mil olhos, um espaço luminoso, animado: "ou, como Platão proclamou no conhecido dístico aos astros: 'se olhares às estrelas, minha estrela, oh eu seria o céu, / mil olhos então mirando abaixo a ti!', tal inversão é o que a arte faz à sua estrutura de um Argos de mil olhos a fim de que a alma e a espiritualidade interior sejam vistas em todos os seus pontos"[80]. O espírito é, ele mesmo, um Argo de mil olhos que ilumina completamente tudo. O céu de Hegel com mil olhos se assemelha com o céu estrelado noturno de Kant, que não é assolado por *desastros*, pelo externo. Tanto o "espírito" de Hegel quanto a "razão" de

Kant representam mantras contra o *desastre*, contra o *externo*, contra o *totalmente outro*.

Como desastro, o desastre adentra o "espaço estrelado". É a "heterogeneidade radical"[81], o externo que rompe a interioridade do espírito: "não digo que o desastre seja absoluto, ao contrário, toma a orientação do absoluto, vai e vem, desordem nômade, mesmo assim com imprevisto imperceptível, mas intenso, do externo"[82]. O desastre caracteriza uma outra vigília, uma que se diferencia do "Argos de mil olhos" de Hegel: "quando falo: o desastre vigia, mas não para dar à vigília um sujeito, mas para dizer: a vigília não acontece sob um céu estrelado"[83]. O desastre significa a "partida da proteção das estrelas"[84].

O *céu vazio* como figura oposta do céu estrelado representa para Blanchot a cena primordial de sua infância. Ele manifesta nele a atopia do totalmente outro, do externo impossível de ser interiorizado, cuja beleza e sublimidade preenchia a criança com uma "alegria devastadora": "o vazio repentino e absoluto do céu [...] espantava a criança com um tal encanto e uma tal alegria que, por um momento, se enchia inteiro de lágrimas [...]"[85]. A criança fica encantada pela infinitude do céu vazio. Arrancada de sua interioridade, ela fica sem limites e esvaziada. O desastre se manifesta como uma forma de alegria.

A estética do desastre opõe-se à estética da complacência, na qual o sujeito goza de si mesmo. Ela é uma *estética do acontecimento*. Pode ser desastroso também um acontecimento imperceptível, um pó branco que uma gota de chuva faz alçar, uma nevada silenciosa na aurora, um aroma rupestre no calor do verão, um *acontecimento do vazio* que esvazia o eu, que o desinterioriza, o des-subjetifica e, com isso, o alegra. Todo acontecimento é *belo*, pois *desapropria* o eu. O desastre significa a morte para o sujeito autoerótico apegado em si.

Les fleurs du mal [As flores do mal] de Baudelaire, contém o poema *Hymne à la Beauté* [Hino à beleza]. As estrelas (*des astres*), aquilo de que a beleza cresce, Baudelaire rima com desastre (*désastres*). A beleza é um *desastre* que transtorna a ordem das estrelas. Ela é vela ou chama (*flambeau*) que a mariposa voa ao encontro, se queimando. *Flambeau* rima com *tombeau* (tumba, sepulcro, túmulo). Tanto o *flambeau* quanto o *tombeau* têm inscrita a beleza (*beau*). A negatividade do desastre, do mortal, é um momento do belo.

O belo é, tal como é chamado na primeira das *Elegias do Duíno* de Rainer Maria Rilke, "nada além de começo horrível que ainda estamos suportando". A negatividade do horrível forma a matriz, a camada mais profunda do belo. O belo é o insuportável que ainda estamos suportando. Ele nos protege do horrível. Mas, ao mesmo tempo, através do belo aparece o horrível. E é isso que constitui a ambivalência do belo. O belo não é uma imagem, mas uma *tela*.

A negatividade do horrível também é essencial para o belo, segundo Adorno. O belo é a forma que se inscreve no sem-forma, no indiferenciado: "o espírito que se forma esteticamente deixa passar daquilo em que se confirma apenas o que lhe assemelha, o que reconhece, ou o que espera tornar igual. Esse processo era um de formalização". O belo se deduz do sem-forma, do horrível, do todo indiferenciado, na medida em que põe formas, isto é, diferenças: "a imagem do belo como de um uno e diferente surge com a emancipação do medo diante do todo violento e do caráter indivisível da natureza". A aparência bela não bane o horrível, contudo, de maneira completa. Permanece permeável a "impermeabilidade contra o ente imediato", contra o sem-forma[86]. "Este entrincheira-se fora como o inimigo perante os muros da cidade sitiada, submetendo-a pela fome"[87].

A aparência bela é frágil e está em risco. É "perturbada cada vez mais" por seu *outro*, pelo *horrível*: "a redução, na qual a beleza faz sofrer o horrível, a partir do qual e sobre o qual ela se eleva, e que ela igualmente mantém no exterior de um domínio do sagrado, tem, quanto ao horrível, algo de impotente". É ambivalente a relação entre o belo e o horrível. O belo não repele facilmente o horrível. Ao contrário, o espírito em formação exige o sem-forma, seu inimigo, para não se petrificar em uma pedra morta. A *racionalidade* em formação é instruída pela *mimesis* que se aconchega no sem-forma, no horrível. No espírito reside a mimética "saudade do derrotado"[88] que nada mais é do que o horrível. O belo está localizado entre o desastre e a depressão, entre o horrível e o morto-vivo, entre adentrar do outro e petrificar-se em igual. A ideia do belo natural de Adorno dirige-se justamente contra a identidade rígida da forma. É um atestado do não-idêntico: "o belo natural é o vestígio do não-idêntico nas coisas sob o sortilégio da identidade universal. Enquanto este vigorar não há positivamente nenhum não-idêntico. Por isso, o belo natural permanece tão disperso e incerto, assim como aquilo que se promete dele ultrapassa todo o interior humano"[89].

A negatividade da fratura é constitutiva do belo. Assim falou Adorno da "coerência antagônica e fraturada"[90]. Sem a negatividade da fratura, o belo se atrofia em liso. Adorno descreve a forma estética em formulações paradoxais. Sua conformidade consiste em "não serem conformes". Não é livre da "divergência" e da "resistência"[91]. Sua unidade é fraturada. É interrompida "por seu outro"[92]. É fraturado o coração do belo.

O *sadio* é uma forma de expressão do liso. Emana, paradoxalmente, algo de mórbido, de inanimado. Sem a negatividade da morte a vida se petrifica em morte. É alisada, tornando-se morta-viva. A negatividade é a força viva da vida. Ela forma também a essência do belo. No belo reside uma *fraqueza*, uma *fragilidade*, uma *fratura*. Essa negatividade deve ao belo sua capacidade de sedução. O sadio, em contrapartida, não seduz. Tem algo de pornográfico. *Beleza é doença*: "A proliferação do sadio é, enquanto tal, já sempre e ao mesmo tempo, a proliferação da doença. O seu antídoto é a doença como sua restrição, consciente, da própria vida. Tal doença curativa é o *belo*. Este põe freio à vida e, desse modo, ao seu colapso. Mas se se negar a doença por querer a vida, então a vida hipostasiada, pelo seu cego afã de independência do outro momento, entrega-se a este, ao pernicioso e ao destrutivo, ao cínico e ao arrogante. Quem odeia o destrutivo tem de odiar também a vida: só o morto se assemelha ao vivo não deformado"[93]. A calocracia atual que absolutiza o sadio, o liso, suprime o belo. E a mera vida, a vida sadia, que hoje toma a forma de uma sobrevida histérica, transforma-se em morte, em morto-vivo. *Assim, estamos hoje mortos demais para viver, e por demais vivos para morrer.*

O ideal do belo

Embora a estética do belo de Kant seja determinada pela subjetividade autoerótica, ela ainda não é uma estética do consumo. O sujeito de Kant está mais para um ascético do que para um culinário. A complacência perante o belo é *desinteressada*. Uma distância *estética* torna possível um demorar-se contemplativo no belo. A percepção estética não é consumidora, mas contemplativa. É verdade que Kant isola o belo em sua positividade, mas ainda não é um objeto do gozo culinário. Do belo não parte um *estímulo*. É muito mais uma *forma* estética. No regime estético atual, ao contrário, é produzido muito estímulo. Justamente nessa enxurrada de estímulo e excitação, o belo desaparece. Ela não permite uma distância contemplativa do objeto, levando ao consumo.

Em Kant, o belo, além disso, vai além do puro estético. Estende-se até o ético. Em seu poema *Hymne an die Schönheit*, Hölderlin se refere a Kant: "A natureza em suas belas formas fala figuradamente para nós, e a dádiva da interpretação de sua escrita cifrada nos leva ao sentimento moral". A mais-valia do belo constitui também o "ideal do belo" que Kant diferencia da "ideia normal de belo". A ideia normal do belo é uma norma categorial[94]. Uma figura é bela quando ela a corresponde, feia, em contrapartida, quando dela se aparta. Não apenas o ser humano, mas todas as espécies têm sua ideia normal do belo. Ela é a "precisão na exposição da categoria", uma "imagem original", segundo a qual uma categoria se reproduz. O rosto que corresponde à ideia normal do belo é um rosto completamente liso, regular, que não contém "nada de característico". Ela expõe "mais a ideia da categoria do que as especificidades de uma pessoa"[95]. Ao contrário da ideia normal do belo, apenas o "ideal do belo" é reservado aos humanos. É a "expressão visível da ideia ética que os humanos dominam internamente"[96].

Devido ao seu conteúdo racional, o ideal do belo despoja-se de todo consumo. Não permite "que nenhum estímulo sensorial se misture com seu objeto na complacência", levando, "ainda, a um grande interesse nisso". O juízo quanto ao ideal do belo vai além do estético puro, do mero gosto. É um "juízo de gosto intelectualizado" que se baseia no "acordo do gosto com a razão, ou seja, do belo com o bem"[97]. Não são todos que são capazes de apresentar e julgar essa beleza. Para tanto, é necessário a força de imaginação que dá a visualizar as ideias éticas que se tem por uma formação mais elevada. Com o ideal do belo Kant concebe uma *beleza moral* ou uma *moral do belo*.

A beleza foi por um longo tempo historicamente relevante apenas na medida em que expressava moral e caráter. Hoje, a beleza de caráter cede totalmente ao ser *sexy*: "no século XIX, mulheres de classe média eram atrativas por conta de sua *beleza*, e não por seu *sex-appeal*. Compreende-se a beleza como uma característica corporal e espiritual. [...] A atratividade sexual *como tal* apresenta um novo critério de avaliação despido tanto da beleza quanto do caráter moral, ou melhor, no qual estão subordinados o caráter e psicologia, em última análise, ao ser ou não sexy"[98].

A sexualização do corpo não segue apenas a lógica da emancipação, já que está ligada à comercialização do corpo. A indústria da beleza explora o corpo na medida em que o torna sexualizado e consumível. Consumo e ser *sexy* condicionam-se mutuamente. O *self* cuja consistência é a lascividade sexual é um produto do capitalismo do consumo. A cultura do consumo submete a beleza cada vez mais à fórmula da atração e do estímulo. O ideal do belo não se insere no consumo. Assim, qualquer mais-valia do belo é desmantelada. O belo vira liso e submete-se ao consumo.

Ser *sexy* é oposto da beleza moral ou da beleza de caráter. Moral, virtude ou caráter têm uma temporalidade específica. Baseiam-se na duração, solidez e consistência. O caráter significa originalmente o signo gravado, marcado no fogo, indelével. A imutabilidade é sua característica principal. Para Carl Schmitt, a água é, nesse sentido, um elemento sem caráter, por não permitir nenhuma marcação sólida: "no mar não é possível [...] fixar nenhuma linha reta. [...] O mar não tem caráter no sentido originário da palavra caráter, que vem do grego *diarassein*, fixar, esculpir, gravar"[99].

Solidez e consistência não são propícias para o consumo. Consumo e duração se excluem mutuamente. São as inconsistências e a fugacidade da moda que o aceleram. A cultura do consumo diminui a duração. Caráter e consumo são opostos. O *consumidor ideal* é um *homem sem caráter*. Essa falta de caráter torna possível um consumo indiscriminado.

É, diz Schmitt, um "signo da divisão interior ter mais do que um único inimigo real". Uma solidez de caráter não permite uma "dualidade de inimigos". É necessário discutir "combativamente" com o único inimigo "para receber a única medida, o único limite, a única figura". Assim, o inimigo é "nossa própria pergunta como figura"[100]. Um único amigo verdadeiro seria também a prova de que se tem um caráter sólido. Schmitt diria: quanto mais se é sem caráter e figura, quanto mais se é mais liso, escorregadio, mais *friends* se tem. O *Facebook* é o *mercado da falta de caráter*.

O texto O *nomos da Terra* de Carl Schmitt começa com um louvor à Terra. Ele louva a Terra sobretudo devido à sua solidez. Ela permite delimitações, distinções e cercas claras. Sua solidez torna possível também erigir marcos fronteiriços, muros e fortalezas: "Aqui, a ordem e a localização da convivência humana ficam evidentes. Família, clã, tribo e Estado, os modos da propriedade e da vizinhança, mas também as formas do poder e do domínio, tornam-se aqui claramente visíveis".

O *nomos da Terra* de Schmitt é um paradigma que perdemos há tempos em proveito do digital. A ordem digital altera todos os parâmetros do *ser*. "Propriedade", "vizinhança", "clã", "tribo" e "Estado" pertencem todos à ordem terrena, à ordem da Terra. A rede digital dissolve o clã, a tribo e a vizinhança. A economia do compartilhamento, a *sharing economy*, torna a "propriedade" também supérflua. A substitui por *acesso*. A mídia digital assemelha-se ao mar sem caráter, no qual não é possível traçar linhas ou marcas sólidas. No mar digital, não se deve erigir nenhum muro, vala ou marcos fronteiriços. O caráter sólido não consegue se conectar bem. Não é *conectivo ou comunicativo*. Na era da conexão, globalização e comunicação, um caráter sólido é apenas obstáculo e desvantagem. A ordem digital celebra um novo ideal. Chama-se o *homem sem caráter*, o *liso sem caráter*.

A beleza como verdade

A estética de Hegel também permite uma leitura dupla. Por um lado, é possível lê-la pela interioridade subjetiva que não conhece nenhum exterior, nenhum desastre. É possível, por outro, uma leitura que se movimenta ao longo da dimensão da liberdade e da reconciliação. Essa segunda leitura é até mais interessante do que a primeira. Se se retirar o pensamento de Hegel do espartilho da subjetividade, ou se se partir o pico da subjetividade, então se libera aspectos bem interessantes. A crítica pós-moderna a Hegel os ignora completamente.

É central para a estética de Hegel o "conceito". Ele idealiza o belo, lhe conferindo o *brilho da verdade*. A beleza é o conceito que se manifesta no ético, ou a "ideia como unidade imediata do conceito e sua realidade"[101]. *Begriff* em alemão, de pegar, agarrar, o "conceito" de Hegel, não é nada abstrato. É uma forma viva, vivificante que molda a realidade a *pegando* [*greifend*] por completo. Ele une suas partes em um todo vivo, orgânico. O todo formado pelo conceito, *agarra* conceitualmente [be-*greift*] tudo *em si*. No conceito, tudo está *in-cluso, in-begriffen**. *Belo* é essa reunião, essa congregação no *um* que permite "centenas de singularidades retornar de sua dispersão para se concentrarem em *uma* expressão e *uma* figura"[102]. O conceito é aquilo que reúne, media e reconcilia. Não tem, assim, "nada a ver com a massa"[103]. Nenhuma "massa" é bela. O conceito cuida para que o todo não desvirtue-se a ponto de virar uma "massa".

Uma crítica comum da ideia de todo hegeliana, oriunda principalmente do campo pós-moderno, sugere que a totalidade, ao dominar as partes singulares, tem sua pluralidade e heterogeneidade subordinadas. Essa crítica, contudo, não é justa às ideias de totalidade, nem a de conceito, de Hegel. A totalidade hegeliana não é uma estrutura de dominação nem uma totalidade que submete e subjuga suas partes.

Ao contrário, é ela que abre suas partes aos seus espaços de movimento e de ação, sendo assim que, com isso, se torna a liberdade em geral possível: "o todo é [...] o um que contém as partes em sua liberdade atadas em si"[104]. A totalidade é uma figura da mediação e da reconciliação, uma unidade harmônica, um "equilíbrio sereno de todas as partes"[105]. Ela é reconciliadora. O conceito causa uma unidade na qual "os lados e opostos particulares não persistem em autonomia e solidez real, mas vigoram apenas como momentos ideais reconciliados em acordo livre"[106]. A reconciliação constitui-se como a tarefa da filosofia em geral: "a filosofia [...] entra nas determinações que se contradizem, reconhecendo segundo seu conceito, ou seja, como em sua unilateridade não absoluta, mas que se dissolve, pondo-a na harmonia e na unidade, que é a verdade"[107]. A verdade é a reconciliação. A verdade é a liberdade.

O conceito produz uma totalidade harmônica. Bela é a disposição conjunta a coercitiva das partes em uma totalidade: "ambas as coisas devem estar à mão no objeto belo: a *necessidade* posta pelo conceito em copertencimento das partes particulares e o brilho de sua *liberdade* como para si e *não apenas* para a *unidade* de partes precedentes"[108]. É constitutivo para a beleza a liberdade das partes *para si* no interior de uma unidade ou totalidade.

O objeto [*Objekt*] belo é um oposto pelo qual também o sujeito ganha uma relação *livre*. O sujeito não é livre perante um objeto [*Gegenstand*] enquanto for dependente dele ou, procurando submetê-lo à sua vontade, ao seu fim ou aos seus interesses, deparar-se com sua resistência. O *estético* assume uma posição de *mediação, do meio*, entre o *teórico* e o *prático*: "o *sujeito* é não-livre e finito no *teórico* pelas coisas cuja autonomia é pressuposta; no *prático*, pela unilateralidade [...] dos impulsos e paixões provocados pelo exterior, assim como pela resistência nunca totalmente eliminada dos objetos"[109]. No teórico, o sujeito não é livre devido à autonomia das coisas. No prático, o sujeito igualmente não é livre, pois sujeita as coisas aos seus impulsos e paixões. É confrontado aqui com a resistência das coisas. Apenas na relação *estética* com o objeto que o sujeito é livre. A relação *estética* também libera o objeto para a sua particularidade respectiva. A liberdade e a falta de coercitividade caracterizam o objeto de arte. A relação estética não pressiona o objeto de nenhuma forma, não impingindo nada que lhe é exterior. A arte é uma práxis da liberdade e da conciliação: "o interesse da arte se diferencia do interesse prático do anseio na medida em que permite a seu objeto existir e perdurar livremente por si, enquanto o anseio o emprega para o seu uso, destruindo-o; a observação da arte se separa da observação teórica da inteligência científica pelo modo inverso, na medida em que alimenta interesse pelo objeto em sua existência singular, não trabalhando para a transformação dela em seu pensamento e conceito universal"[110].

O belo é um oposto no qual toda forma de dependência e coerção desaparece. Como autofim puro, é livre de qualquer determinação externa, em que "fins externos serviram como meios úteis de execução e defenderam-se diante da sua execução, seja de modo não-livre, seja forçando a se aceitar em si o fim externo"[111]. O objeto belo não é "nem impelido, nem forçado por nós". Perante o belo como o "conceito e fim completamente realizados", o *próprio sujeito* renuncia totalmente aos seus interesses nele. Seu "anseio" recua. O sujeito não tenta instrumentalizá-lo para si. "Suspende seus fins perante o objeto e o observa como autônomo em si, como autofim". *Deixar-ser* [*Seinlassen*], a *serenidade* [*Gelassenheit*], seria uma atitude perante o belo. Apenas o belo ensina a *demora sem-interesse*: "assim, a observação do belo de modo liberal, um deixar-atuar dos objetos como livres e infinitos em si, não é um querer dominar e se utilizar deles como úteis para necessidades e propósitos finitos [...]"[112].

Perante o belo desaparece também a separação entre sujeito e objeto [*Objekt*], entre eu e o que me opõe [*Gegenstand*]. O sujeito *afunda-se contemplativo* no objeto e se une, conciliando-se com ele: "o eu [...] cessa, igualmente na relação com o objeto, de ser apenas a abstração da atenção, da observação sensível, da contemplação [...]. Torna-se concreto em si mesmo nesse objeto, na medida em que [...]

a união dos até então separados eu e objeto, e, por isso, partes abstratas, se realiza para si em sua própria concreção"[113].

A estética do belo de Hegel é uma estética da verdade e da liberdade que priva qualquer consumo. Nem "verdade", nem "conceito" podem ser consumidos. O belo é um autofim. Seu brilho está direcionado a ele mesmo, à sua necessidade interior. Não se submete a um *para que*, nenhuma conexão de uso externa a ele, pois está ali sua própria vontade. Repousa em si. Para Hegel, nenhum objeto de uso, nenhum objeto de consumo, nenhuma mercadoria, seriam belos. Falta-lhes a independência interior, a liberdade que diferencia o belo. Consumo e beleza se excluem mutuamente. O belo não se *promove* para si. Não seduz nem para o gozo, nem para a posse. Ao contrário, convida à demora contemplativa. Faz desaparecer tanto o anseio como o interesse. Desse modo, a arte não tolera o capitalismo que submete tudo ao consumo e à especulação.

A verdade é a figura oposta à "massa". Não há *massa de verdades*. A verdade não ocorre, portanto, *com frequência*. Como a beleza, é uma *forma*, enquanto a massa é sem-forma. Hegel não considera as "combinações barrocas"[114] bonitas, pois formam uma massa, uma justaposição sem conexão, ou seja, aconceitual. Apesar da distância conceitual, as coisas copulam-se umas com as outras. Falta ao barroco a via ao um, quer dizer, ao conceito que diferencia a beleza.

A verdade reduz a *entropia*, ou seja, o *nível de ruído*. Sem verdade, sem conceito, a realidade desintegra-se em uma massa ruidosa. Tanto a beleza como também a verdade são algo *exclusivo*. Assim, não são *frequentes*. Uma *exclusão produtiva* lhe é própria. A *teoria* também serve a ela. Da massa de dados, como o *big data*, pode-se destilar informações que até podem ser úteis, mas que não geram nem *conhecimento* nem *verdade*. O "fim da teoria" invocado por Chris Anderson, que a substitui completamente por dados, significa o fim da verdade, o fim da narração, o fim do espírito. Dados são meros *aditivos*. A adição é oposta à narração. Reside uma verticalidade na verdade. Dados e informações vivem, em contrapartida, na horizontal.

O belo promete liberdade e conciliação. Diante do belo, anseio e coerção desaparecem. Assim, ele torna possível uma relação livre diante do mundo e de si mesmo. A estética do belo de Hegel é diametralmente oposta ao um regime estético de hoje. Botox, bulimia e operações de beleza espelham seu terror. O belo deve gerar sobretudo atração e atenção. Mesmo a arte, que para Hegel é *inalienável*, está submetida hoje totalmente à lógica do capital. A liberdade da arte subordina-se à liberdade do capital.

Política do belo

Na *antropologia em sentido pragmático*, Kant concebe o "*Witz*" (*ingenium*, engenho) como "luxo da cabeça". O engenho é possível em um espaço de liberdade que esteja livre de necessidades e obrigações. É por isso que é "florescente", "parecendo mais com um jogo como a natureza, com suas flores, em oposição aos frutos a que um negócio está impelido"[115]. A beleza das flores se deve a um *luxo* livre de qualquer economia. É a expressão de um *jogo* livre, sem coerção ou finalidade. Assim, é oposta ao *trabalho* e ao *negócio*. Onde dominam coerções e necessidades não há espaço livre para o jogo constitutivo para o belo. O belo é uma aparição do luxo. Bela não é a necessidade que gira meramente em torno da urgência.

O homem livre é, para Aristóteles, alguém independente das necessidades urgentes da vida e de suas coerções. Há, para ele, três formas livres de vida possíveis. Elas se diferenciam das que meramente lidam com a preservação da vida. Assim, a vida do profissional que é vendedor não seria livre: "As três formas de vida [...] têm em comum umas com as outras que todas elas ocorrem no âmbito do 'belo', ou seja, na sociedade de coisas que não necessariamente terão uso, que não são úteis para nada determinado"[116]. A elas pertence a vida que se dedica ao gozo das coisas belas, a vida que produz atos belos na *polis*, e, por fim, a vida contemplativa do filósofo que se demora na investigação daquilo que nunca se vai, no âmbito da beleza eterna.

A *ação* constitui a vida do político (*bios politikos*). Não está subordinada ao veredito da necessidade e da utilidade. Nem trabalho, nem produção, é uma *bios politikos*. Trabalho e produção não pertencem às formas de vida que são dignas de um homem livre e nas quais a verdade se manifesta, pois produzem apenas necessidades de vida e utilidades. Não ocorrem de *sua própria vontade*. Devido à sua falta de liberdade e determinação externa, não são belas. Uma vez que organizações sociais são necessárias para a convivência humana, não representam nenhuma ação política genuína. Nem necessidade, nem utilidade são categorias do belo. Os políticos, enquanto homens livres, devem produzir belos atos para além da necessidade da vida e da utilidade. Ação política significa começar algo totalmente novo.

Toda forma de coerção ou de necessidade priva a ação de beleza. Belas são coisas ou atividades que não são dominadas pela necessidade e pela utilidade. As formas de vida do homem livre são todas um *luxo* na medida em que elas *luxam*, ou seja, que *deslocam* ou *divergem-se* do necessário e do útil. O orçamento ou a gestão, necessários para a conservação de uma comunidade, não são atividades genuinamente políticas.

O belo (*to kalon*) vai além, tanto em Platão como também em Aristóteles, do sentimento estético. A ética da felicidade (*eudaimonia*) de Aristóteles se manifesta como *ética do belo*. Também se aspira à justiça devido à sua beleza. Platão a tem em conta como o mais belo (*to kalliston*)[117]. Na *Ética eudêmica*, Aristóteles insere o conceito original de *kalokagathia*, o *belo* e *bom*. O bom é subordinado ou delegado aqui ao belo. O bom realiza-se no brilho do belo. A política ideal é a *política do belo*.

Atualmente, nenhuma *política do belo* é possível, pois a política atual é totalmente subordinada às coerções sistêmicas. Ela não dispõe de espaços livres. A política do belo é uma política da liberdade. A *falta de alternativas*, sob cujo jugo a política atual *trabalha*, torna impossível a ação genuinamente política. Ela não *age, trabalha*. A política deve oferecer uma alternativa, uma *escolha* real. Senão ela se deteriora, tornando-se uma ditadura. O político como lacaio do sistema não é um homem livre em sentido aristotélico, mas um servo.

Uma multidimensionalidade é o que caracteriza o termo inglês *fair*. Significa tanto *justo* como também *belo*. Também *fagar*, do alto alemão antigo, significa *belo*. A palavra alemã *fegen* significa originalmente *tornar brilhante*. O duplo sentido de *fair* é uma indicação expressiva de que beleza e justiça originalmente estabeleceram-se da mesma representação.

A justiça é sentida como bela. Uma *sinestesia* particular vincula a justiça com a beleza.

Em seu livro *On Beauty and Being Just* [Sobre a beleza e sobre ser justo], Elaine Scarry descreve implicações ético-políticas da beleza, tentando obter um acesso estético à experiência ética. A percepção do belo ou a presença do belo implica, diz Scarry, um "convite à *fairness* [equidade] ética"[118]. Propriedades particulares do belo aguçam um sentimento intuitivo de justiça: "Mostramos até agora em que medida propriedades que pertencem aos objetos belos [...] nos ajudam a alcançar a justiça"[119]. Belo é a simetria que também fundamenta a ideia de justiça. A relação justa envolve necessariamente uma relação simétrica. Uma assimetria total produz uma sensação de feiura. A injustiça se exprime, ela própria, como uma relação extremamente assimétrica. Platão pensa o bom de fato a partir da beleza da simetria.

Scarry faz referência a uma experiência do belo que *desnarcisifica*, *desinterioriza* o sujeito. Diante do belo, o sujeito se retira. Dá espaço para os outros. Esse recuo radical do *self* em benefício do outro é um ato ético: "segundo Simone Weil, a beleza exige de nós que 'renunciemos à nossa posição pretensiosa como central' [...] Não é que renunciamos a estar no centro de nosso próprio mundo. Concedemos nossos corpos voluntariamente às coisas perante nós"[120]. Diante do belo, o sujeito toma uma posição lateral, fica ao lado, ao invés de se meter à frente. Torna-se uma *figura lateral* (*lateral figure*). Essa experiência estética diante do belo prolonga-se, Scarry acredita, no ético. O recuo do *self* é essencialmente para a justiça. A justiça é, portanto, um estado *belo* de convivência. A alegria estética pode ser traduzida no ético: "é claro que uma *fairness ética* que torna necessária 'uma simetria de todas as relações' é em grande medida apoiada por uma *fairness estética* que provoca um estado de felicidade em todos os participantes em suas próprias lateralidades"[121].

Contrariamente à expectativa de Scharry, a experiência do belo hoje é fundamentalmente narcísica. Não é dominada pela *lateralidade*, mas por uma *centralidade* narcísica. É consumível. Perante o objeto de consumo, toma-se uma posição *central*. Essa postura consumista dilapida a *outridade do outro*, em prol da qual se *fica ao lado* ou *se retira*. Ela aniquila a *outridade do outro*, a *alteridade*.

A sexydade também não suporta a *fairness*. Não permite *lateralidade*. Hoje não é possível uma experiência do belo que estremecesse a posição do sujeito. A beleza vira ela mesma pornográfica, *anestesiante*. Ela perde a *transcendência*, a *significação*, a *valência* que a capacitaria a acoplar, para além do meramente estético em direção ao ético, no político. Totalmente desatrelado do julgamento ético-moral, entrega-se à *imanência do consumo*.

O teatro pornográfico

Quando perguntado por que se despediu definitivamente do teatro, Botho Strauss* respondeu: "Mas é simplesmente passado. No palco, queria ser um erótico; hoje, contudo, dominam os pornográficos no teatro – estética e literalmente. Interesso-me pelas associações e situações eróticas, mas hoje não se associa e se situa, mostra-se apenas o lado pornográfico das coisas [...]"[122]. O erótico se diferencia do pornográfico pelo seu caráter indireto e sinuosidade. Ama as *distâncias cênicas*. Contenta-se com alusões, ao invés de expor diretamente as coisas. O ator erótico não é *showman* erótico. O erotismo é *alusivo* e não *afetivo*. Nisso se diferencia da pornografia. *Direto* é o modo temporal do pornográfico. Demora, desaceleração e desvios são modalidades temporais do erótico. O *dêitico*, o signo direto das coisas, é pornográfico. A pornografia evita desvios. Vai direto às coisas. Eróticos são, em oposição, signos que *circulam* sem se revelarem. Pornográfico seria o *teatro da revelação*. Erótico são mistérios a princípio *irreveláveis*. Nisso se diferenciam das *informações ocultas, retidas,* que podem ser reveladas. Pornográfico é justamente a revelação progressiva até à *verdade* ou à *transparência.*

Ao teatro pornográfico falta o dialógico. É, diz Strauss, um "empreendimento privativo-psicopático". A habilidade de diálogo, a habilidade de outridade, de *escuta* atrofia-se hoje em todos os níveis. O sujeito narcísico de hoje percebe tudo apenas ainda nas sombras de seu *self.* É incapaz de ver o outro em sua outridade. O diálogo não é encenação de desnudamento mútuo. Nem a confissão, nem a revelação são eróticas.

Em um elogio à atriz Jutta Lampe*, Botho Strauss escreve: "ainda ouvimos o tom quase cantante, feminino prateado, do que se segue, no instante seguinte, um intervalo repentino, e um ruído gutural, quase gritante, às vezes devidamente ordinário. A mudança rápida de tom não é um gesto de coloratura, mas uma pujança de ligação dialógica, algo que quer experimentar incondicionalmente o outro e o que há de comum com ele"[123]. Uma fraqueza de ligação dialógica distingue a sociedade atual. Onde desaparece o dialógico do palco surge um teatro-afeto. Afetos não são estruturados dialogicamente. Neles está inscrita uma *negação do outro*.

Sentimentos são narrativos. Emoções são impulsivas. Nem emoções nem afetos desenvolvem um espaço narrativo. O teatro-afeto não *conta*. Ao contrário, se dá carga imediata no palco a uma massa de afetos. Nisso consiste seu caráter pornográfico. Sentimentos têm uma outra temporalidade do que as emoções e os afetos. Possuem uma duração, uma largura narrativa. Emoções são essencialmente mais fugazes do que sentimentos. Afetos são restritos a um momento. E apenas sentimentos têm acesso ao dialógico, ao *outro*. Por isso existe a compaixão. Emoção-com ou afeto-com, em contrapartida, não existem. Tanto afetos como emoções são expressão de um sujeito isolado, monológico.

A sociedade atual da intimidade elimina cada vez mais formas e espaços de jogo objetivos nos quais a gente *se* escaparia, nos quais a gente escaparia da nossa *psicologia*. A intimidade é oposta à distância lúdica, ao teatral. Decisivo para o jogo são as formas objetivas, e não os estados subjetivos, psicológicos. O jogo rígido ou o ritual alivia a alma. Não permite nenhum espaço para a pornografia da alma: "excentricidade, egomania, exaltação não incidem nela. Graça e jogo rígido impedem arbitrariedade emocional, nudez da alma e psicopatologias". A atriz, a *jogadora* entusiasmada, torna-se uma *ninguém despsicologizada, dessubjetivada e desinteriorizada*: "você é uma ninguém, senão não seria uma grande atriz". O *ninguém* (lat. *nemo*) não tem alma a ser desnudada. Contra a nudez pornográfica, contra a psicopatologia, Strauss solicita uma *transcendência do self nemológica* na qual a gente se dirige para além de si em direção ao outro, deixando-se seduzir por ele. O teatro erótico é o lugar no qual é possível a sedução, a *fantasia pelo outro*.

Demorar-se no belo

A súplica de Fausto "demora-te ainda, és tão belo" encobre um aspecto importante do belo, pois justamente o belo convida à demora. É a *vontade* que fica no caminho da permanência contemplativa. Ao se observar o belo, o querer recua. Esse lado contemplativo do belo também é central para a concepção da arte de Schopenhauer, que diz "que a alegria estética no belo, em grande parte, consiste em que, alcançando o estado da contemplação pura, dispensamos por um momento todo querer, ou seja, todos os desejos e inquietações, desfazendo-nos igualmente de nós mesmos"[124]. O belo exime-me de mim mesmo. O eu imerge no belo. Ele *sai de si* perante o belo.

É o *querer*, o *interesse*, o *conatus* (esforço) que faz o tempo passar. A imersão no belo, na qual o querer recua e o *self* se retira, gera um estado no qual o tempo por assim dizer fica *parado, saciado, quieto* [*still*]*. A ausência do querer e do interesse faz o tempo *parar* [*still*], *sacia* e *aquieta* [*stillt*] o tempo. Essa tranquilidade [*stille*] diferencia a observação estética da mera percepção sensível. É diante do belo que a visão advém. Não mais se afugenta, se arrasta. Esse *advento* é essencial para o belo.

A "eternidade-presente" da demora que supera o tempo aplica-se ao *outro*: "ela é presença do outro. Assim, aparece na demora a mesma eternidade como uma luz que se alarga até o outro. Se foi alguma vez considerada na tradição filosófica em geral, então foi na frase de Espinosa: 'o espírito é eterno, na medida em que compreende as coisas sob o aspecto da eternidade"[125]. A tarefa da arte consiste, desse modo, na *salvação do outro. Salvação do belo é salvação do outro.* A arte salva o *outro* na medida em "que se defende contra a fixação na subsistência [*Vorhandenheit*]"[126]. O belo como o *todo outro* suprime a *violência do tempo*. A crise da beleza consiste hoje justamente em que o belo é reduzido à sua subsistência, ao seu valor de uso ou de consumo. O consumo aniquila o *outro*. O *belo da arte* é uma resistência a ele.

A arte originária é para Nietzsche a arte da festa. Obras de arte são instrumentos materializados de momentos benditos de uma cultura, nos quais o tempo habitual, que *passa*, é suspendido: "que importa toda arte de nossas obras de arte, se chegamos a perder a arte superior que é a arte das festas? Antigamente as obras de arte eram expostas na grande avenida de festas da humanidade, para lembrança e comemoração de momentos felizes e elevados. Agora se pretende, com as obras de arte, atrair os miseramente exaustos e enfermos para fora da longa via dolorosa da humanidade, para um instantezinho de prazer; um pouco de embriaguez e de loucura lhes é oferecido"[127]. Obras de arte são monumentos do *casamento*, do *auge* [*Hochzeit*]*, dos *tempos áureos* [*Hoch-Zeit*], nos quais o tempo habitual é suspendido. O tempo de festa como tempo áureo *aquieta* a cotidianidade, que seria um tempo habitual do trabalho. Nele reside o brilho da eternidade. Ao se substituir a "via da festa" pela "via da dor", o auge, o casamento, decai em "instantezinho" com "um pouco de embriaguez".

Tanto a festa como a celebração têm uma origem religiosa. A palavra latina *feriae* significa o tempo determinado pelas ações de culto e religiosas. *Fanum* é como se chama uma deidade sagrada de um lugar sacro. A festa começa onde acaba a cotidianidade pro-fana (literalmente: o que fica antes do sacro). Pressupõe um sacro. No tempo áureo da festa, a gente se sacraliza. Ao se suspender o limiar, a passagem, o sacro, que separam o sagrado do profano, resta apenas o tempo cotidiano, passageiro que, então, é explorado como tempo do trabalho. Hoje o tempo áureo desapareceu totalmente em prol do tempo do trabalho, que está se totalizando. Mesmo a pausa está integrada ao tempo do trabalho. Ela é apenas uma pequena quebra no tempo do trabalho, no qual a gente se recupera para novamente se pôr integralmente à disposição do processo de trabalho. A pausa não é senão o outro tempo do trabalho. Ela não melhora a qualidade do tempo.

Em *A atualidade do belo*, Gadamer relaciona a arte com a festa. Ele aponta inicialmente para a particularidade linguística que a gente "celebra [*begeht*]"* a festa. A celebração aponta para a temporalidade particular da festa: "A celebração é a palavra que suspende a concepção de um alvo para o qual seria preciso se dirigir. Na celebração, assim, não se tem que ir antes para depois se chegar lá. Ao se celebrar uma festa, ela sempre está lá o tempo todo. Este é o caráter temporal da festa: ela é celebrada e não recai na duração de momentos que se revezam"[128]. Na festa, domina um outro tempo. O tempo como *sucessão* de momentos transitórios, fugazes é suspendido ali. Não há meta à qual seria preciso se dirigir. Justamente o dirigir-se é que faz o tempo passar. *A celebração da festa suspende a passagem*. Na festa, no tempo áureo, reside algo eterno. Entre arte e festa existe uma analogia: "A essência da experiência do tempo da arte é que aprendemos a demorar-nos. Esta é talvez a correspondência, à nossa medida, do que se chama de eternidade"[129].

As obras de arte perdem seu valor de culto no momento em que são expostas. O valor de exposição suplanta o valor de culto. As obras de arte não são dispostas na via festiva, mas expostas nos museus. Exposições não são festas, mas espetáculos. O museu é seu calvário.

Aqui as coisas crescem apenas em valor quando são vistas, quando chamam a atenção, enquanto os objetos de culto frequentemente permanecem ocultos. A ocultação até mesmo aumenta seus valores de culto. O culto não tem nada a ver com a atenção. A totalização da atenção aniquila o cúltico.

Hoje, obras de arte são negociadas sobretudo nas *vias comerciais e nas bolsas de valores*. Elas não possuem nem valor de culto nem valor de exposição. É justamente seu puro *valor especulativo* que as submete ao capital. Hoje, o valor especulativo se manifesta como valor supremo. A bolsa é o local de culto de hoje. No lugar da redenção [*Erlösung*] aparece o lucro [*Erlös*]* absoluto.

A beleza como reminiscência

Walter Benjamin eleva a lembrança à essência da existência humana. Nela surge "toda a força da existência interiorizada". Ela distingue também a essência do belo. Mesmo em meio a "flores", a beleza é "inessencial", sem lembrança. Não a presença do brilho imediato, mas a *presença* da lembrança fosforescente é essencial para o belo. Benjamin invoca, assim, Platão: "é isso o que testemunham as palavras do *Fedro* platônico: 'quem acabou de ser iniciado na consagração e é um daqueles que muito contemplaram no além, ao avistar a figura de um corpo ou um rosto divino que reproduz bem a beleza, será acometido primeiro, rememorando as aflições então vivenciadas, de consternação; mas em seguida, encarando-a de frente, reconhece a sua essência e a reverencia como a um deus, pois a recordação, elevada à ideia de beleza, contempla-a por sua vez como estando em solo sagrado ao lado da ponderação"[130]. Diante de uma figura bela, a gente se lembra de *ter-sido* [*Gewesene*]. A experiência do belo é, para Platão, uma repetição do ter-sido, um *re-conhecer*.

A experiência do belo como lembrança se priva do consumo, dominado por uma temporalidade toda outra. É consumido sempre o *novo*, nunca o *ter-sido*. O reconhecimento seria totalmente prejudicial para o consumo. A temporalidade do consumo não é a do ter-sido [*Gewesenheit*]. Lembranças e duração não se dão com o consumo. O consumo vive uma vida estilhaçada. Ele destrói a duração para sua maximização. A onda de informações, a consequência do corte apressado que obriga os olhos à ingestão apressada, não permite lembrança demorada. As imagens digitais não conseguem fazer a atenção ficar presa permanentemente. Elas despejam rapidamente seus estímulos visuais e desaparecem.

A vivência-chave de Marcel Proust é a experiência da duração que provoca o gosto de Madeleine mergulhada em chá de tília. É um episódio de lembrança. Uma "mísera gota" de chá amplia-se em uma "construção imensa da lembrança". Proust ecoa um "pequeno *quantum* de tempo puro". O tempo se condensa em um cristal perfumado de tempo, em um "recipiente repleto de fragrâncias", que Proust libera da fugacidade do tempo: "invadira-me um prazer delicioso, isolado, sem noção de sua causa. Esse prazer logo me tornara indiferente às vicissitudes da vida, aos inofensivos desastres, ilusória sua brevidade, tal como faz o amor enchendo-me de uma preciosa essência; ou, antes essa essência não estava em mim, era eu mesmo. Cessava de me sentir medíocre, contingente, mortal"[131].

A narração de Proust é uma práxis temporal que cria uma duração por meio de uma "época da precipitação", na qual tudo, até mesmo a arte, está "atado sucintamente". Ela se opõe ao "processo cinematográfico das coisas"[132], contra o tempo cinematográfico que se desintegra em sequências rápidas de pontos do presente. A experiência afortunada da duração bruta de uma fusão de passado e presente. O presente é tocado pela lembrança, vivendo-a, fecundando-se: "Essa causa, contudo, adivinho agora, ao ter comparado reciprocamente as diferentes expressões afortunadas que têm em comum, que as vivi igualmente no instante presente e em um distanciado, até finalmente o passado ter assaltado o presente e eu mesmo de repente não estar mais seguro em quais das duas eu me encontrava [...]"[133].

Belo não é a presença imediata e atual das coisas. Essenciais para a beleza são as correspondências secretas entre as coisas e as representações que ocorrem através de um longo espaço temporal. Proust acredita que a própria vida apresenta uma rede de relações que "tece ininterruptamente [...] novos fios entre os acontecimentos", que "se duplica para fortalecer a trama, de tal modo que, entre os menores pontos de nosso passado e todos os outros, uma rica rede de lembranças nos deixa apenas a escolha dos caminhos de ligação"[134]. A beleza ocorre ali, onde as coisas dirigem-se umas às outras, entrando em relações. Ela *narra*. Como a verdade, é um acontecimento *narrativo*: "[...] a verdade começa apenas no instante em que o escritor, tomando dois objetos distintos, passa a estabelecer uma relação entre eles [...] e compondo-na na teia impreterível de um belo estilo; ou até mesmo quando remete, como faz a vida, a uma qualidade que é comum a duas sensações, liberando sua essência apenas ao unir, em uma metáfora, uma com a outra para destituí-las das meras casualidades do tempo, e conectando ambas pela fita indescritivelmente eficaz da ligação pela palavra"[135].

A "internet das coisas", que conecta todas as coisas umas com as outras, não é narrativa. Comunicação como troca de informação não *conta* nada. Apenas *enumera*. Belas são ligações narrativas. Hoje, a adição suplanta a narração. Relações narrativas recuam de conexões informacionais. A adição de informações não resulta em uma narração. Metáforas são relações narrativas. Levam, uns com outros, coisas e acontecimentos à linguagem.

É a tarefa do escritor metaforizar o mundo, ou seja, *poetizar*. Seu ponto de vista poético descobre as ligações ocultas entre as coisas. A beleza é um acontecimento-relação. Nela reside uma temporalidade particular. Ela se despoja do gozo imediato, pois a beleza de uma coisa aparece apenas muito depois à luz de uma outra como *reminiscência*. Ela consiste de sedimentos históricos que *fosforescem*.

A beleza é *vacilante, atrasada*. Belo não é um brilho momentâneo, mas uma fosforescência quieta. É nessa retenção que consiste sua distinção. Estímulos imediatos e exaltação bloqueiam o acesso ao belo. As coisas revelam sua beleza velada, sua essência perfumante apenas posteriormente pelo desvio. O duradouro e o lento é o modo de proceder do belo. Não se tem contato imediato com a beleza. Ela ocorre, ao contrário, como re-encontro e re-conhecimento: "*A lenta flecha da beleza. A mais nobre espécie de beleza é aquela que não arrebata de vez, que não se vale de assaltos tempestuosos e embriagantes (uma beleza assim desperta facilmente o nojo), mas que lentamente se infiltra, que a gente leva consigo quase sem perceber e deparamos novamente num sonho* [...]"[136].

Criação no belo

Ein Dröhnen: es ist die Wahrheit,	Um estrondo: a própria verdade
selbst unter die Menschen getreten,	surgiu entre os homens
mitten ins Metapherngestöber.	em pleno turbilhão de metáforas*.

Paul Celan

No diálogo *Simpósio* Platão estabelece uma hierarquia do belo. O amante do belo não se contenta em ver um corpo belo. Ele quer ir além da beleza comum, quer ir até o belo em si. A tendência ao corpo belo, contudo, não é condenada. Ao contrário, é uma parte essencial, um começo necessário para o caminho de ascensão até o belo em si.

O particular da teoria platônica do belo consiste em que se porte perante o belo não de modo passivo ou consumista, mas ativo e gerativo. Diante do belo, a alma é levada a produzir ela mesma algo belo. Ao se olhar o belo, o eros desperta uma força criadora na alma. Por isso se chama "criação no belo" (*tokos em kalo*).

Em meio ao belo, o eros tem acesso ao imortal. As "crianças imortais" criadas por ele são obras (*erga*), não apenas poéticas ou filosóficas, mas também políticas. Então Platão louva, por suas obras, tanto poetas como Homero e Hesíodo como também governantes como Sólon e Licurgo. Leis belas são obras de eros. *Erótico* não é apenas o filósofo ou o poeta, mas também o político. Belos atos políticos se devem, assim como as obras filosóficas, ao eros. A política guiada pelo eros é uma *política do belo*.

O eros como divindade outorga ao pensamento uma consagração. Sócrates é consagrado por Diotima no "Mistério do eros", que se priva tanto do conhecimento (*episteme*) quanto também da fala (*logos*). Heidegger também é erótico. É o eros que dá asas e guia o pensamento: "chamo isso de eros, o mais antigo dos deuses, segundo as palavras de Parmênides. O bater de asas deste deus me toca toda vez que eu dou um passo essencial no pensamento, ousando-me avançar no que ainda não foi trilhado"[137]. Sem eros, o pensamento decai em "mero trabalho". O trabalho, oposto ao do eros, desconsagra, desencanta o pensamento, tirando seu aspecto criativo.

Heidegger não coloca o belo no estético, mas no ontológico. É um platônico. O belo é, diz Heidegger, o "nome poético do ser [*Seyn*]"[138]. O eros vigora no ser: "ser é entendido, contudo, na ambição de ser ou, como dizem os gregos, no *eros*"[139]. Ao belo é outorgada uma consagração ontológica. A "diferença ontológica" é o que diferencia o ser do ente. O ente é tudo que *é*. Deve, contudo, seu sentido ao ser. O ser não é um fundo de surgimento do ente, mas o horizonte de compreensão e de sentido, apenas em cuja luz é possível um *se-comportar* que compreende.

Heidegger compreende o belo expressamente como um fenômeno da verdade além da complacência estética: "a verdade é a verdade do ser. A beleza não ocorre na proximidade dessa verdade. Ela aparece se a verdade se pôr na obra. A aparência é – enquanto esse ser da verdade em obra e como obra – a beleza. Assim, o belo pertence à verdade no acontecimento apropriativo. O belo não é relativo apenas ao gosto e ao seu objeto"[140]. A verdade como verdade do ser é um acontecer, um acontecimento, que confere ao ente sentido e significado. Assim, uma nova verdade desloca o ente a uma luz totalmente outra, modificando nossa relação com o mundo, nossa compreensão da realidade. Faz tudo parecer diferente. O acontecimento da verdade redefine o que *é* real. Produz um *outro é*. A obra é o lugar em que o acontecimento da verdade é recebido e incorporado. O *eros* é apegado ao belo, à aparência da verdade. Nisso se diferencia do *gosto* e da *curtida*. O tempo que domina na curtida, no *like*, é um *tempo sem eros*, diria Heidegger, *um tempo sem beleza.*

O belo como acontecimento da verdade é *gerativo*, produtivo, *poético*. *Dá* o que vê. Belo é essa *dádiva*. Bela não é a obra como instrumento, mas a *radiância* [*Hervorscheinen*] da verdade. O belo transcende também a *compla-*

cência sem interesse. O estético não tem acesso ao belo em sentido enfático. O belo como radiância da verdade é inaparecível [*unscheinbar*] na medida em que se oculta atrás das aparências. Em Platão também é necessário se prescindir de certa forma das figuras belas para ver o *belo em si.*

Do belo, hoje, se toma essa consagração. Não há mais acontecimento da verdade. Não há mais diferença ontológica, o eros não a protege mais do consumo. É um *mero ente,* um mero existente, um disponível autoevidente. A gente facilmente o encontra como objeto da curtida imediata. A *criação no belo* dá lugar ao belo como *produto,* como objeto do consumo e do gosto estético, da curtida.

O belo é afável, é vinculativo. Incita a duração. Não por acaso, o "belo em si", em Platão, é "ente eterno" (*aei on*)[141]. O belo como "ser poético do ser [*Seyn*]" também não é algo que se pode meramente curtir. É por excelência o afável, o vinculativo, o decisivo, o que *dá* a medida. Eros é *aspiração ao vinculativo.* Badiou o chamaria de "fidelidade". Em *Elogio do amor,* escreve: "se fala sempre: farei algo diferente daquilo que foi um acaso. Farei disso uma duração, uma persistência, uma obrigação, uma fidelidade. Fidelidade é uma palavra que uso em meu jargão filosófico, na medida em que a separo de seu contexto habitual. Refere-se à passagem de um encontro acidental a uma construção tão firme como seria se ela fosse necessária"[142].

A fidelidade e a vinculação determinam uma à outra. Vinculação exige fidelidade. A fidelidade produz vinculação. A fidelidade é *incondicional*. Nisso consiste sua *metafísica*, sua *transcendência*. A crescente estetização do cotidiano torna impossível agora a experiência do belo como experiência da vinculação. Ela produz apenas objetos da curtição volátil. A crescente volatilidade não diz respeito apenas ao mercado financeiro. Abrange hoje toda a sociedade. Nada tem perenidade e duração. Diante da contingência radical, cresce a saudade da vinculação para além da cotidianidade. Hoje, nos encontramos em uma *crise do belo* na medida em que o belo se tornou um objeto liso da curtida, do *like*, do conforto, do arbitrário, um objeto para qualquer hora. A salvação do belo é a salvação da vinculação.

Notas

* Tradução de Guilherme Gontijo Flores. In: . *"Paul celan (20 de abril)* [Disponível em https://escamandro.wordpress.com/2012/04/20/paul-celan-20-de-abril/ – Acessado em set./2018) [N.T.].

[1] HEGEL, G.W.F. *Vorlesungen über die Ästhetik 1* [Cursos de estética I]. In: MOLDENHAUER, E. et al. *Werke in zwanzig Bänden.* Vol. 13. Frankfurt am Main 1970, p. 61 [HEGEL, G.W. F. *Cursos de estética I.* São Paulo, Edusp, 1999] [Trad. Marco Aurélio Werle; cons. Victor Knoll e Oliver Tolle]].

[2] Ibid.

[3] BARTHES, R. *Mythen des Alltags* [*Mitos do cotidiano*]. Frankfurt am Main 2010, p. 196ss. 0150. – Grifo de de B. Han. [BARTHES, R. *Mitologias.* 4. ed. Rio de Janeiro: Difel, 2009, p. 152-153 [Trad. Rita Buongermino, Pedro de Souza e Rejane Janowitzer] – Modificado pelo tradutor.

[4] Ibid., p. 198.

[5] GAMPERT, C. Deutschlandfunk [Rádio da Alemanha]. In: *Kultur heute [Cultura hoje]* – Beitrag vom [programa de] 14/05/2012.

[6] Jeff Koons über Vertrauen [Jeff Koons sobre a confiança]. In: *Süddeutsche Zeitung* [Jornal do Sul da Alemanha] de 17/05/2010.

[7] GADAMER, H.-G. Aktualität des Schönen – Kunst als Spiel, Symbol und Fest [A atualidade do belo – Arte como jogo, símbolo e festa]. In: *Gesammelte Werke, Ästhetik und Poetik I*: Kunst als Aussage [Obras reunidas, Estética e Poéti-

ca I: Arte como declaração]. Vol. 8. Tübingen, 1993, p. 94-142, aqui p. 125 [GADAMER, H.-G. *A atualidade do belo*: a arte como jogo, símbolo e festa. Rio de Janeiro: Tempo Brasileiro, 1985, p. 64 [Trad. Celeste Aida Galeão]].

* Curtir, *gefallen*, é como escolhi traduzir esse termo do qual Byung-Chul Han se vale em uma dupla acepção. De um lado, retoma a discussão clássica da estética sobre o belo e o sublime, por ser um termo utilizado, entre outros, por Kant, embora estabelecido em português como apra-zer, e que também poderia estar associado ao uso corri-queiro do verbo "gostar". De outro, remete ao que Han chama de estética do liso ao ser o termo que traduz *like*, curtir em programas como Facebook. Nesse sentido, seria possível dizer que esta tradução produz um efeito de alar-gamento de horizonte hermenêutico sobre a tradição da discussão teórica estética a respeito do belo e do sublime, obrigando a que se reveja o modo como até então havia sido traduzida essa palavra [N.T.].

[8] Comparar com WELSCH, W. *Ästhetisches Denken* [Pen-samento estético]. Stuttgart, 2010, p. 9ss. Welsch não compreende a anestesiação ou a anestética no sentido da anestesia, mas da não-estética, da qual tenta encontrar as-pectos positivos.

[9] BARTHES, R. *Die Lust am Text* [O prazer do texto]. Frank-furt am Main, 1982, p. 16-17. [Trad. J. Guinsburg. São Pau-lo: Perspectiva, 1987].

[10] BAUDRILLARD, J. *Das Andere selbst* [L'autre par lui meme / O outro self / O outro por ele mesmo]. Viena, 1994, p. 27.

[11] BATAILLE, G. *Die Erotik* [O erotismo]. Munique, 1994, p. 140-141 [BATAILLE, G. *O erotismo*. Belo Horizonte: Au-têntica, 2014, p. 169 [Trad. Fernando Scheibe]] – Modifi-cado pelo tradutor.

[12] WINFRIED MENNINGHAUS, E. *Theorie und Geschichte einer starken Empfindung* [Nojo. Teoria e história de uma sensação acentuada]. Frankfurt am Main, 1999, p. 7.

[13] ROSENKRANZ, K. *Ästhetik des Häßlichen* [Estética do feio]. Darmstadt, 1979, p. 312-313.

* *Reality shows* americanos ou alemães no qual uma pessoa ou um grupo de pessoas deve sobreviver na selva ou realizar qualquer tipo de proeza que envolva o mundo tido como selvagem e a exploração dos limites de sobrevivência dos envolvidos [N.T.].

[14] PFALLER, R. *Das schmutzige Heilige und die reine Vernunft* – Symptome der Gegenwartskultur [*O sagrado sujo e a razão pura* – Sintomas da cultura atual]. Frankfurt am Main, 2008, p. 11.

[15] BAUDRILLARD, J. Das Andere selbst. Viena, 1987, p. 35.

[16] BENJAMIN, W. *Das Kunstwerk im Zeitalter seiner technischen Reproduzierbarkeit* [A obra de arte na época de sua reprodutibilidade técnica]. Frankfurt am Main, 1963, p. 36 [BENJAMIN, W. A obra de arte na época de sua possibilidade de reprodução técnica. 5. Versão. In: *Estética e sociologia da arte*. Belo Horizonte: Autêntica, 2017, p. 38-39 [Ed. e trad. João Barrento] – Modificado pelo tradutor.

[17] BARTHES. *Die helle Kammer* [A câmera clara]. Frankfurt am Main, 1989, p. 124.

* *Quantified self* é um movimento que se iniciou em 2007 a partir da revista *Wired* por Gary Wolf e Kevin Kelly, e que busca o autoconhecimento pela autocomputação de dados e informações [N.T.].

[18] PLATON [Platão]. *Gastmahl [O banquete]*, 210e.

[19] Ibid., 211e.

[20] PLATON [Platão]. *Phaidros [Fedro]*, 244a.

[21] BURKE, E. *Philosophische Untersuchung über den Ursprung unserer Ideen vom Erhabenen und Schönen* [Uma investigação filosófica sobre a origem de nossas ideias de sublime e de belo]. Hamburgo, 1989, p. 193-194.

[22] Ibid., p. 160.

[23] Ibid., p. 192.

[24] Ibid., p. 154.

[25] Ibid.

[26] Ibid., p. 155-156.

[27] Ibid., p. 194.

[28] Ibid., p. 67.

[29] Ibid., p. 176.

[30] ADORNO, T.W. *Ästhetische Theorie, Gesammelte Schriften* [Teoria estética, escritos reunidos]. Vol. 7. Frankfurt am Main, 1970, p. 77 [Org. R. Tiedemann] [ADORNO, T.W. *Teoria estética*. Lisboa, Ed. 70, 2008, p. 62] [Trad. Artur Morão].

[31] KANT, I. *Kritik der Urteilskraft* [Crítica da faculdade do juízo]. Darmstadt, 1957, p. 330 [Obras em dez volumes org. por W. Weischedel].

[32] P. ex.: WELSCH, W. *Ästhetisches Denken*. Stuttgart, 2003.

[33] ADORNO. *Ästhetische Theorie*. Op. cit., p. 410.

[34] Ibid.

[35] Ibid., p. 364 e 274 da versão portuguesa – Modificado pelo tradutor.

[36] Ibid., p. 108 e 85 da versão portuguesa – Modificado pelo tradutor.

[37] Ibid., p. 115 e 90 da versão portuguesa – Modificado pelo tradutor.

[38] Ibid., p. 111 e 87 da versão portuguesa – Modificado pelo tradutor.

[39] Ibid., p. 115 e 90-91 da versão portuguesa – Modificado pelo tradutor.

[40] Ibid.

[41] Ibid., p. 114 e 90 da versão portuguesa – Modificado pelo tradutor.

[42] Ibid., p. 115 e 90 da versão portuguesa – Modificado pelo tradutor.

[43] Ibid., p. 113 e 89 da versão portuguesa – Modificado pelo tradutor.

[44] Ibid., p. 114 e 90 da versão portuguesa – Modificado pelo tradutor.

[45] Ibid., p. 115 e 90 da versão portuguesa – Modificado pelo tradutor.

[46] Ibid., p. 114 e 90 da versão portuguesa – Modificado pelo tradutor.

* Aqui Byung-Chul Han se utiliza da equivocidade da palavra alemã Netzhaut. Normalmente, ela significa retina, mas, por ser formada pelas palavras *Netz*, rede, e *Haut*, pele, não se pode deixar de pensar nela a partir do seu sentido mais literal, qual seja, rede-pele, imagem que coaduna e potencializa a reflexão e a argumentação de Han [N.T.].

[47] BARTHES. *Die helle Kammer*. Op. cit., p. 51.

[48] Ibid.

[49] BENJAMIN, W. Goethes Wahlverwandtschaften [As afinidades eletivas de Goethe]. In: TIEDEMANN, R. et al. (orgs.). *Gesammelte Schriften* [Escritos reunidos]. Vol. 1.1. Frankfurt am Main, 1991, p. 197 [BENJAMIN, W. As afinidades eletivas de Goethe. In: *Ensaios reunidos*: escritos sobre Goethe. São Paulo: Duas cidades/Ed. 34, 2009, p. 114-115 [Trad. Mônica Krausz Bornebusch, Irene Aron e Sidney Camargo] – Modificado pelo tradutor.

[50] Ibid., p. 195 da versão alemã e p. 112-113 da versão brasileira – Modificado pelo tradutor.

[51] AUGUSTINUS [Agostinho]. *Ausgewählte Schriften* [Escritos selecionados] – Vol. 8: Ausgewählte praktische Schriften homiletischen und katechetischen Inhalts [Escritos práticos selecionados de conteúdo homilético e catequético]. Munique, 1925, p. 175.

[52] SCHOLEM, G. *Zur Kabbala und ihrer Symbolik* [Sobre a cabala e seu simbolismo]. Frankfurt am Main, 1973, p. 77-78.

[53] Ibid., p. 78.

[54] Ibid., p. 78-79.

[55] BARTHES, R. *Die Lust am Text* [O prazer do texto]. Frankfurt am Main, 2010, p. 18 [BARTHES, R. *O prazer do texto*. São Paulo: Perspectiva, 1987, p. 16 [Trad. J. Guinsburg] – Modificado pelo tradutor.

[56] Ibid., p. 19.

[57] Ibid.

[58] BAUDRILLARD, J. *Transparenz des Bösen* [Transparência do mal]. Berlim, 1992, p. 191.

[59] BAUDRILLARD, J. *Die fatalen Strategien* [As estratégias fatais]. Munique, 1991, p. 120.

[60] Ibid., p. 130.

[61] BARTHES, R. *Fragmente einer Sprache der Liebe* [Fragmentos de um discurso amoroso]. Frankfurt am Main, 1988, p. 124 [BARTHES, R. *Fragmentos de um discurso amoroso*. 2. ed. Rio de Janeiro: Francisco Alves, 1981, p. 74 [Trad. Hortênsia dos Santos] – Modificado pelo tradutor.

[62] DERRIDA, J. *Was ist Dichtung?* [O que é poesia?]. Berlim, 1990, p. 10.

[63] HEIDEGGER, M. *Parmenides* [Parmênides]. In: *Gesamtausgabe [Obras completas]*. Vol. 54. Frankfurt am Main, 1982, p. 249.

[64] BARTHES. *Die helle Kammer*. Op. cit., p. 36.

[65] Ibid., p. 60.

[66] Ibid., p. 37.

[67] Ibid., p. 59.

[68] Ibid., p. 68.

[69] Ibid., p. 51.

[70] Ibid., p. 60.

[71] Ibid., p. 60-61.

[72] Ibid., p. 51.

[73] Ibid., p. 65-66.

[74] Ibid., p. 65.

[75] Ibid.

[76] Ibid.

[77] Ibid., p. 62.

[78] KANT, I. *Kritik der praktischen Vernunft*. Op. cit., p. 300.

[79] HEGEL. *Vorlesungen über die Ästhetik I*. Op. cit., p. 203-204.

[80] Ibid.

[81] BLANCHOT, M. *Die Schrift des Desasters* [A escrita do desastre]. Munique, 2005, p. 147.

[82] Ibid., p. 12.

[83] Ibid., p. 67.

[84] Ibid., p. 176.

[85] BLANCHOT, M. ...*absolute Leere des Himmels*... [...vazio absoluto do céu...] In: COELEN, M. & ENSSLIN, F. *Die andere Urszene* [A outra cena primordial]. Berlim, 2008, p. 19.

[86] ADORNO. Ästhetische Theorie. Op. cit., p. 82 da versão alemã e p. 66 da versão portuguesa – Modificado pelo tradutor.

[87] Ibid., p. 83 da versão alemã e p. 65 da versão portuguesa – Modificado pelo tradutor.

[88] Ibid., p. 84 da versão alemã e p. 66 da versão portuguesa – Modificado pelo tradutor.

[89] Ibid., p. 114 da versão alemã e p. 90 da versão portuguesa – Modificado pelo tradutor.

[90] Ibid., p. 213 da versão alemã.

[91] Ibid., p. 216 da versão alemã.

[92] Ibid.

[93] ADORNO, T.W. Minima Moralia – Reflexionen aus dem beschädigten Leben [Mínima moralia – Reflexões a partir da vida lesada]. In: *Gesammelte Schriften*. Op. cit.. Vol. 4, p. 87 – Realce de B. Han.

[94] KANT. *Kritik der Urteilskraft*. Op. cit, p. 234: "Se, então, de modo semelhante, se procurar por esses homens médios de cabeça médias, por esses de narizes médios etc., então neles *residirá* essa figura *da ideia normal* do homem belo [...]".

[95] Ibid., p. 317.

[96] Ibid., p. 318.

[97] Ibid., p. 312.

[98] ILLOUZ, E. *Warum Liebe weh tut* – Eine soziologische Erklärung [Por que o amor machuca? – Um exclarecimento sociológico]. Berlim, 2011, p. 83.

[99] SCHMITT, C. *Nomos der Erde* [Nomos da terra]. Berlim, 1950, p. 13-14.

[100] SCHMITT, C. *Theorie des Partisanen* – Zwischenbemerkung zum Begriff des Politischen [Teoria do partisan – Aparte para o conceito de político]. Berlim, 1963, p. 87-88.

[101] HEGEL. *Vorlesungen über die Ästhetik I*. Op. cit., p. 157.

* Como se vê, o autor se utiliza de um jogo de palavras em torno da palavra-conceito *Begriff*, conceito, difícil de ser transposto em todas suas nuanças conceituais e formais para o português. Há uma relação entre pegar, agarrar [*greifen*] e conceito [*Begriff*], que literalmente poderia significar uma espécie de conjunto de tudo o que foi agarrado, e seus derivados, como *inbegriffen*, incluído, contido. Byung-Chul Han procura argumentar, ao fazer uso desse dispositivo da linguagem, tanto para o fato de que o conceito não é abstrato, mas sim vivo, concreto, quanto para seu caráter de congregação das partes particulares em um "um" que se diferencia da massa disforme, sem mediação ou reconciliação [N.T.].

[102] Ibid., p. 201.

[103] HEGEL, G.W.F. *Grundlinien der Philosophie des Rechts* [Linhas fundamentais da filosofia do direito]. Op. cit. Vol. 7, p. 439.

[104] HEGEL, G.W.F. Enzyklopädie der philosophischen Wissenschaften II [Enciclopédia das ciências filosóficas II]. In: *Werke in zwanzig Bänden*. Op. cit. Vol. 9, p. 368.

[105] HEGEL, G.W.F. *Phänomenologie des Geistes* [Fenomenologia do espírito]. Op. cit. Vol. 3, p. 340.

[106] HEGEL. *Vorlesungen über die Ästhetik I*. Op. cit., p. 138.

[107] Ibid.

[108] Ibid., p. 156

[109] Ibid., p. 154.

[110] Ibid., p. 60.

[111] Ibid., p. 155.

[112] Ibid., p. 155-156.

[113] Ibid., p. 155.

[114] HEGEL, G.W.F. *Enzyklopädie der philosophischen Wissenschaften I* [Enciclopédia das ciências filosóficas I]. Op. cit.. Vol. 8, p. 12.

[115] KANT, I. *Anthropologie in pragmatischer Hinsicht* [Antropologia de um ponto de vista pragmático] – Akademie-Ausgabe [Edição acadêmica]. Vol. 7, p. 201.

[116] ARENDT, H. *Vita activa oder Vom tätigen Leben* [Vita activa ou da vida ativa]. Munique,1981, p. 23.

[117] PLATON [Platão]. *Politeia* [A república], 358a.

[118] SCARRY, E. *On Beauty and Being Just* [Sobre a beleza e sobre ser justo]. Princeton, 1999, p. 93.

[119] Ibid., p. 108.

[120] Ibid., p. 111-112.

[121] Ibid., p. 114.

* Botho Strauss, nascido em 1944 em Naumburg, é um famoso dramaturgo, romancista e ensaísta alemão [N.T.].

[122] Am Rande. Wo sonst, ein ZEIT-Gespräch mit Botho Strauss [À margem. Senão onde? Uma conversa de ZEIT com Botho Strauss]. In: *Zeit* [tempo], 14/09/2007.

* Jutta Lampe, nascida em 1937, é uma atriz alemã que já encenou Shakespeare, Goethe, Beckett, Tennessee Williams, Virgínia Woolf, Tchékov e até o próprio Botho Strauss [N.T.].

123 Noch nie einen Menschen von innen gesehen? [Ainda nunca se viu um humano de dentro?]. In: *FAZ* [Jornal Geral de Frankfurt], 17/05/2010.

124 SCHOPENHAUER, A. Die Welt als Wille und Vorstellung [O mundo como vontade e representação]. In: VON LÖH-NEYSEN, W.F. (org.). *Sämtliche Werke* [Obras reunidas]. Vol. 1. Frankfurt am Main, 1986, p. 530.

* Novo jogo de palavras de difícil transposição para o português com os múltiplos significados do adjetivo *still* e do verbo *stillen*, que transitam, em português, entre a quietude, o parar, o saciar e a tranquilidade [N.T.].

125 THEUNISSEN, M. *Negative Theologie der Zeit* [Teologia negativa do tempo]. Frankfurt am Main, 1991, p. 295.

126 Ibid.

127 NIETZSCHE, F. Die fröhliche Wissenschaft [Gaia Ciência]. In: *Kritische Gesamtausgabe* [Obras completas, edição crítica]. Vol. V2. Berlim, 1973, p. 122 [NIETZSCHE, F. *Gaia ciência*. São Paulo: Companhia das Letras, 2012, p. 109-110 [Trad. Paulo César de Souza] – Modificado pelo tradutor.

* Byung-Chul Han, retomando Gadamer, faz uso conceitual e atenta para o duplo significado da palavra casamento em alemão; literalmente, casamento, *Hochzeit*, significa tempo elevado, auge, tempo áureo [N.T.].

* Literalmente *begehen*, celebrar, significa ir junto, mas também cometer – como cometer suicídio –, perpetrar, comemorar [N.T.].

128 GADAMER, H.-G. *Die Aktualität des Schönen* – Kunst als Spiel, Symbol und Fest [A atualidade do belo – A arte como jogo, símbolo e festa]. Stuttgart, 1977, p. 54 [GADAMER, H.-G. *A atualidade do belo* – A arte como jogo, símbolo e festa. Rio de Janeiro: Tempo Brasileiro, 1985, p. 62-63 [Trad. Celeste Aida Galeão] – Modificado pelo tradutor.

[129] Ibid., p. 60 da edição alemã e p. 69 da edição em português – Modificado pelo tradutor.

* Aqui, Byung-Chul Han faz uso da proximidade que existe no alemão entre a palavra redenção e a palavra lucro, ou seja, entre *Erlösung* e *Erlös* [N.T.].

[130] BENJAMIN, W. Goethes Wahlverwandtschaften [As afinidades eletivas de Goethe]. In: *Gesammelte Schriften* [Escritos reunidos], I.1. Frankfurt am Main, 1991, p. 123-201, aqui: p. 178 [BENJAMIN, W. "As afinidades eletivas de Goethe". In: *Ensaios reunidos* – Escritos sobre Goethe. São Paulo: Duas cidades/Ed. 34, 2009, p. 87-88 [Trad. Mônica Krausz Bornebusch, Irene Aron e Sidney Camargo] – Modificado pelo tradutor.

[131] PROUST, M. *In Swanns Welt* [No mundo de Swann]. Frankfurt am Main, 1997, p. 63-64 [Trad. E. Rechel-Mertens].

[132] PROUST, M. *Die wiedergefundene Zeit* [O tempo redescoberto]. Frankfurt am Main, 1984, p. 279 [Trad. E. Rechel-Mertens].

[133] Ibid., p. 263.

[134] Ibid., p. 483.

[135] Ibid., p. 289.

[136] NIETZSCHE, F. Menschliches, Allzumenschliches I [Humano, demasiadamente humano I]. In: *Kritische Gesamtausgabe* [Obras completas – Edição crítica]. Vol. IV2. Berlim, 1967, p. 145 [NIETZSCHE, F. *Humano, demasiadamente humano* – Um livro para espíritos livres. São Paulo: Companhia das Letras, 2005, p. 109 [Trad. Paulo César de Souza] – Modificado pelo tradutor.

* Trad. Celso Fraga da Fonseca. Poemas de Paul Celan (1920-1970). In: *Cadernos de Literatura em Tradução*, n. 4, p. 13-49, aqui, p. 17 – Modificado pelo tradutor [N.T.].

[137] *Briefe Martin Heideggers an seine Frau Elfriede, 1915-1970* [Cartas de Martin Heidegger à sua mulher Elfriede 1915-1970]. Munique, 2005, p. 264.

[138] HEIDEGGER, M. Zu Hölderlin – Griechenlandreisen [Para Hölderlin – Viagens à Grécia]. In: *Gesamtausgabe* [Obras completas]. Vol. 75. Frankfurt am Main, 2000, p. 29.

[139] HEIDEGGER, M. Vom Wesen der Wahrheit – Zu Platons Höhlengleichnis und Theätet [Da essência da verdade – A respeito da alegoria da caverna e do Teeteto de Platão]. In: *Gesamtausgabe* [Obras completas]. Vol. 34. Frankfurt am Main, 1997, p. 238.

[140] HEIDEGGER, M. *Der Ursprung des Kunstwerkes* [A origem da obra de arte]. Stuttgart, 1986, p. 67 [Com uma introdução de Hans-Georg Gadamer].

[141] PLATON [Platão]. *Symposion* [O banquete], 211b.

[142] BADIOU, A. *Lob der Liebe* [Louvor ao amor]. Viena, 2011, p. 43.

Para ver os livros de
BYUNG-CHUL HAN

publicados pela Vozes, acesse:

livrariavozes.com.br/autores/byung-chul-han

ou use o QR CODE

Conecte-se conosco:

- **f** facebook.com/editoravozes
- **⊙** @editoravozes
- **X** @editora_vozes
- **▶** youtube.com/editoravozes
- **☉** +55 24 2233-9033

www.vozes.com.br

Conheça nossas lojas:

www.livrariavozes.com.br

Belo Horizonte – Brasília – Campinas – Cuiabá – Curitiba
Fortaleza – Juiz de Fora – Petrópolis – Recife – São Paulo

EDITORA VOZES LTDA.
Rua Frei Luís, 100 – Centro – Cep 25689-900 – Petrópolis, RJ
Tel.: (24) 2233-9000 – E-mail: vendas@vozes.com.br